Christoph Martin Wieland

Sämmtliche Werke

Fünfter Band

Christoph Martin Wieland

Sämmtliche Werke
Fünfter Band

ISBN/EAN: 9783741168918

Hergestellt in Europa, USA, Kanada, Australien, Japan

Cover: Foto ©Andreas Hilbeck / pixelio.de

Manufactured and distributed by brebook publishing software (www.brebook.com)

Christoph Martin Wieland

Sämmtliche Werke

C. M. WIELANDS

SÄMMTLICHE WERKE

FÜNFTER BAND

DER NEUE AMADIS

ZWEYTER THEIL

DER VERKLAGTE AMOR

LEIPZIG

BEY GEORG JOACHIM GÖSCHEN, 1794.

DER NEUE AMADIS.

ZWEYTER THEIL.

Wielands W. V. B.

ZWÖLFTER GESANG.

1.

Der Neger hatte indessen, um seine hohen
			Gäste
Nach Standesgebühr zu bewirthen, und ihnen
			von seiner Macht
Ein kleines Muster zu weisen, zu einem herr-
			lichen Feste
Den Plan sich ausgedacht. Er liebte Vergnü-
			gen und Pracht,
Und (wie gesagt) es wußte, seitdem es
			Negern gegeben,
Kein Neger besser als er, zumahl mit den
			Damen, zu leben.
Die erste beste, die seinen kleinen Staat
Auch nur zufälliger Weise betrat,
Fand sich, im Walde sogar, von Sylfen und
			Amoretten
Wie eine Prinzessin bedient, fand Lauben,
			Ruhebetten,

2.

Erfrischungen, Sorbet, Schokolat,
Und auch bey Nacht, auf einer Ottomane
Was eine reisende Sultane
Um wohl zu schlafen nöthig hat.
Ob müsige oder böse Leute
Hierüber Glossen gemacht; und, über den
      Anlaſs froh,
Einander ins Ohr gefragt was diese Grofsmuth
      bedeute,
Ist leicht zu errathen. Die Welt ist einmahl so!
W i r nehmen ein Ding auf seiner besten Seite,
Vorausgesetzt es habe deren zwo.

3.

Denn sollten wir je bey einem Anachoreten
Ein Nymfchen von sechzehn (eins minder oder
      mehr)
Allein in seiner Zelle betreten,
Dann freylich fiel' es uns etwas schwer
Zu glauben, er habe mit ihr den Rosenkranz
      zu beten
Sich eingeschlossen; wiewohl so was von unge-
      fähr
Begegnen kann. Doch, dem sey wie ihm wolle,
Der Neger, der sich selbst sein volles Recht
      erwies

Und wenig oder nichts von seinem Reitz sich
verhieſs,
Spielt bey den beiden Prinzessen als Meister
seine Rolle.

4.

Kaum schlüpfte der Sonnenwagen ins Abend-
meer hinab,
So sah man den ganzen Garten (er gab
Den Geistern nur einen Wink) in buntem Feuer
stehen.
Die Schwestern gestanden, sie hätten an Bam-
bo's Hofe sogar
(Wiewohl der Sultan ein Freund von Feuer-
werken war)
Nur Schattenwerke, verglichen mit diesem,
gesehen.
Die Bäume, die Äste, das Laub, die Blumen,
alles schien
Durchsichtig, wie funkelnde Steine im Sonnen-
schein, zu glühn:
Dem alten Proteus gleich verwandelt sich hier
das Feuer ¹)
In tausend Wundergestalten und schimmernde
Abenteuer.

5.

Bald spritzt es in die Luft gleich Wasserstrahlen empor,
Bald stiebt es in glänzenden Flocken, wie Schnee, zur Erde nieder,
Bald scheint es in flammenden Strömen, wie fliefsende Lava, wieder;
Hier mischen sich neue Gestirne der Sfären erstaunendem Kor,
Dort steigen feurige Drachen, wie aus dem Avernus, hervor,
Und schütteln Donner und Blitz von ihrem schwarzen Gefieder.
Ein langer grüner Gang, durch den der Neger sie
Zum schönsten Gartensahle leitet,
Wird plötzlich vor ihren Augen zu einer Galerie
Voll Schildereyen, wozu Vulkan die Farben bereitet.

6.

Hier nähert Zevs, in himmlische Flammen gehüllt,
Der schönen Semele sich, ein Gott in göttlichem Staate
Der Tochter des Staubes; zu spät erkennt sie im tödtlichen Rathe
Der Nebenbuhlerin Wuth; a) ihr Mund, ihr Busen schwillt

Von überirdischem Feuer; doch in den erlöschenden Blicken
Mischt selbst mit Todesangst sich wollüstiges Entzücken.
Ihr gegen über liegt, in Junons Majestät
Und hohen Reitz verkleidet, das schöne Ungeheuer,
Das Zevs, an Ixions vermessenem Feuer
Die keusche Gemahlin zu rächen, aus einer Wolke gedreht.

7.

Von Götterwein trunken und heifsem Verlangen,
Schleicht Tantals Sohn an Iris Hand herbey,
Voll Hoffnung, bald, von Junons Armen umfangen,
Zu wissen wie süfs der Kufs der höchsten Göttin sey.
Die falsche Juno scheint, ihn stärker zu entzünden,
Halb lächelnd halb erzürnt sich seinem Kufs zu entwinden:
Sie schlüpft ihm aus der Hand, er setzt ihr hitzig nach;
Stracks füllt ein schwarzer Dunst das ganze Schlafgemach,
Ein Wirbelwind, mit donnernden Blitzen beladen,
Ergreift und spiefset den Frevler an Flegethons schroffen Gestaden.

8.

Durch solche Scenen, wo Schrecken, Erstaunen
und Vergnügen,
Auf seltsame Weise vermischt, das Auge gefäl-
lig betrügen,
Führt seine Gäste der Mohr in einen neuen
Sahl,
Der sich noch einem Sinne durch seine Wunder
empfahl.
Aus allen Ecken erschallten Gesänge und Sym-
fonien,
Wie Bambo's Töchter sie nie an ihrem Hofe
gehört;
(Mit diesem gewöhnlichen Lobe ward das Kon-
cert beehrt)
Sie wünschten, um alle die Lust in sich hinein
zu ziehen,
Ganz Ohr zu seyn: aber der Neger, dem ihr
Entzücken gefiel,
Entzog sie unvermerkt dem süsen Ohrenspiel.

9.

Es schweben unzählige Sylfen, wie Liebesgötter gebildet,
Auf Rosengewölken daher, die leichten Flügel
vergüldet.
Bey ihrem säuselnden Flug ergoſs sich ein lieb-
licher Duft

Zwölfter Gesang.

Von Nelken, Citronenblüthen und allen Quintessenzen
Der Blumen im Paradies. Ihr buntes, wimmelndes Glänzen
Entzückte das Aug', und in der mittlern Luft
Erschienen unzählige Regenbogen
Auf tausendfältige Art in Liebesknoten verzogen,
Worin, nicht ohne Verdruſs des schönen Amadis,
Der Nahme der beiden Schwestern sich leicht
entziffern ließ.

10.

Stolz glänzt im Auge des Wirths, in den
Augen der weiblichen Gäste
Vollkommene Lust. Doch, soll ich's euch
gestehn?
Ich hätte mich bey einem solchen Feste
Bald satt gehört, geschmeckt, gerochen und
gesehn.
Ein leichtes Mahl in selbst gepflanzten Schatten,
Durch deren dünnes Gewebe die Abendsonne
scheint,
Beym rosenbekränzten Becher ein muntrer
Sokratischer Freund,
Und, ehe zum Schlaf die ruhigen Sinnen
ermatten,
Aus einem Munde, wo Reitz und Unschuld
blüht,
Zur sanften Theorbe ein fröhliches Lied —

11.

Diefs nenn' ich mir ein Fest! — Doch keiner
Seele verwehrt
Vom blofsen Hören bey meinem Feste zu
gähnen,
Und seine Freuden von Pracht und Zauber der
Kunst zu entlehnen.
Ein jeder reite, vor mir, sein kleines hölzernes
Pferd
Nach seiner Weise; diefs ist der Wahlspruch
meiner Kamönen.
Er zäum' es, wenn er will, anstatt beym Kopfe
beym Schwanz,
Wir wollen, ihm zu gefallen, nur leise darü-
ber lachen.
Die grofse Kunst, den alten häfslichen Drachen,
Der uns zum Bösen versucht, sein Spiel ver-
lieren zu machen,
Ist guter Muth und Toleranz.

12.

Noch schallte der fröhliche Lärm des Festes
weit umher,
Als vor des Schlosses goldnen Thoren
Ein Ritter sich hören liefs, der seinen Weg
verloren,
Und, weil ein glücklich Ungefähr
Zu einem Schmaus ihn bringt, (wenn anders
seine Ohren

ZWÖLFTER GESANG.

Kein Nachtgeist äfst) für besser fand, davon,
Wie einer den seine Mutter zu guter Gesellschaft geboren,
Auch seinen Antheil zu nehmen, als, wie ein Erdensohn,
Bey gutem Appetit und unbefriedigtem Magen,
Sein Nachtquartier im Freyen aufzuschlagen.

13.

Wofern er Durst und guten Humor
Zu bringen schwört, (liefs ihm auf sein bescheidenes Fragen
Nebst seinem Grufs der Herr des Schlosses sagen)
So öffnet ihm sogleich das Thor.
Der Ritter schwor, er habe seit mehr als dreyfsig Stunden
Noch keine Zeit zum Tafelhalten gefunden;
Und, was den Humor betrifft, lafst euch die Sorge vergehn,
(Sprach er zu einem Edelknaben)
So bald wir mit unserm Magen uns erst verglichen haben,
So sollt ihr euere Wunder sehn!

14.

Auf dieses wurde mein Mann, beym Schein von hundert Fackeln,
Und, anf des Negers Wink, beym Spiel
Von hundert schnarrenden Geigen, die ihm entgegen rackeln,

Herbey geführt. Der Empfang versprach nicht
 viel;
Allein der Fremde war klug. Ihm winkten
 blinkende Flaschen,
Und Schüsseln, wovon der Duft ein Göttermahl
 versprach,
Und Schönen, die ein Verlangen dem Neger
 sie wegzuhaschen
Beym ersten Anblick erweckten. Der Ritter
 bezeigte demnach
Sich mächtig vergnügt, in solchen Zaubergründen
So gute Musik und so gute Gesellschaft zu
 finden.

15.

Die Damen stellten sich an, als wäre des Frem-
 den Gesicht
Das Neueste was sie sähen. Er, der nicht erst
 seit gestern
Die Welt bereiste, verstand den Wink der
 schönen Schwestern,
Und stellte sich gleichfalls als kenn' er sie nicht.
Der Neger seines Orts thut was dem Herrn
 vom Hause
Geziemt, und heifst den Ritter zu seinem bes-
 ten Wein,
Und allem, was sein Schlofs vermag, willkom-
 men seyn:
Und drauf erfolgt, wie billig, eine Pause,

ZWÖLFTER GESANG.

Worin sich der Fremde durch seinen Hunger
dem Mahl,
Und durch die schönste Reihe von Zähnen den
Damen empfahl.

16.

Indessen ging ein mächtiger goldner Bokal,
Bereichert mit Amethysten, Rubinen und
Topasen,
Auf unsers Ritters und seiner erlauchten Vettern, Basen
Und Neffen Wohlergehn, und auf die glückliche Wahl
Von einer schönen Braut, 3) und so weiter —
so manches Mahl
Vom Neger zu ihm und von ihm zum Neger,
bis beider Nasen
Dem Kamm von einem kalkuttischen Hahn
Die Farbe streitig machten. Kaum setzte der
Ritter nieder,
So kommt der höfliche Wirth mit einem vollen
wieder.
Man glaubt, er habe diefs aus Politik gethan:

17.

Denn seit der Traubensaft von Schiras, Alikante,
Vom Vorgebirg' und vom Vesuv
Dem Ritter durch die Adern rannte,
Vergafs er unvermerkt, dafs keine der Damen
ihn kannte.

Er fühlt auf einmahl einen Beruf
Galant zu seyn und zärtliche Sachen zu sagen,
Sein Herz, das nun von doppeltem Feuer glüht,
Zur Rechten und Linken anzutragen,
Und, wie auf einen Moment der Neger seit-
  wärts sieht,
Verliebte Stürme auf Wangen und Arme zu
  wagen.

18.

Die schöne Kolifischon, die auch sich beru-
  fen fühlt
Den Ritter durch ihre Künste der keuschen
  Schwester zu stehlen,
(Die ihn nach ihrem Brauch nur durch die
  Wimpern beschielt)
Liefs ihres Ortes es ihm nicht an Ermunterung
  fehlen.
Der Neger, wiewohl er bereits dem Zustand
  nahe war,
Worin der Vater Silen, von einem nervigen
  Paar
Satyren halb zu beiden Seiten getragen,
Halb taumelnd auf seinem Thier, dem tieger-
  gezogenen Wagen
Des Bacchus folgt, sah blinzend noch immer
  genug,
Zu sehen, dafs seine Göttin sich etwas verdäch-
  tig betrug.

ZWÖLFTER GESANG.

19.

Was sollt' er thun? Es war zu wenig, den Drachen
Defswegen zu spielen, zu viel, den Blinden dabey zu machen;
Zumahl, da Schatulliöse, mit ihrem Amadis
In Augengespräche vertieft, nicht sehr geneigt sich wies,
Zu seinen plumpen Schmeicheleyen
Noch Ohr noch Hand noch Lippen herzuleihen.
Das Klügste däucht ihm demnach, in eine See von Lünell
Den Nebenbuhler zu stürzen. Allein Herr Karamell
(Ihr habt doch schon, dafs Er es war, errathen?)
War in der bacchischen Kunst ein Mann von grofsen Thaten.

20.

Er hielt's für Ritterpflicht, bey einem Trinkgelag
Vom Kampfplatz eher nicht zu weichen,
Als bis sein Feind zu Boden lag:
Ein Skythisches Axiom, worin auf diesen Tag
Ihm zwischen dem Ister und Rhein viel edle Knechte gleichen.
Er wehrte sich wie ein Athlete, wiewohl Herr Amadis

Beym dritten Deckelglas ihn schon im Stiche ließ;
Bis endlich, ganz aufs Haupt geschlagen,
Und ohne Gefühl von Gnomen zu Bette getragen,
Der Neger das Feld und die Schönen dem Sieger überließ.

21.

Herr Karamell hatte den alten Ruhm der Skythen,
Von welchen er Landsmann war, behauptet wie ein Held;
Doch, Vortheil davon zu ziehn, blieb diesmahl ausgestellt.
Er hatte den Sieg zu theuer erkaufen müssen: ihm glühten
Die starren Augen, er spitzte vergebens zu einem Kuß
Den unbeweglichen Mund, kurz, weder Hand noch Fuß
Noch Zunge wollten mehr von ihm Befehle nehmen.
Er folgte demnach der Damen gutem Rath,
Und legte, nicht ohne des Sieges ein wenig sich zu schämen,
Auf einen Sofa sich hin in seinem vollen Staat.

22.

Herr Amadis blieb nunmehr, wiewohl mit Keuschheitswächtern
Von allen Seiten umringt, allein bey Bambo's Töchtern.

ZWÖLFTER GESANG.

Doch, da noch immer ein jeder Versuch mißlang
Den Kolifischon auf seine Zärtlichkeit wagte,
Bewies ihr auf einmahl der Lerchengesang
Daſs es auf unserer Hälfte der Erdenkugel tagte.
Sie nahm die Schwester beym Arm, wie zärtliche Schwestern thun,
Und wünschte dem spröden Ritter mit Lächeln, wohl zu ruhn.
Vier Sylfen leiteten sie, beym Schimmer
Von Fackeln aus Aloeholz, in ihre bestimmten Zimmer.

23.

Der Schlafgott senkte nun sein bleyernes Rabengefieder
Im ganzen Schloſs auf alle Augenlieder:
Nur unser Held allein, den seine Schwärmerey
Beredet daſs der Schlaf ihm unanständig sey,
Geht, glücklich in seinem Wahn, um unter düftenden Bäumen
Von seinem Ideal mit offnen Augen zu träumen.
Indem er noch beschäftigt war,
Was ihm, bey längerm Bedacht, ein wenig sonderbar
In seiner Entzauberung schien sich selber auszulegen,
Däucht ihm, er höre was im nächsten Gange sich regen.

24.

Er unterscheidet das Rauschen von einem seid-
nen Gewand,
Und, nach der Logik der Liebe, wen konnte
dieß Rauschen verkünden
Als seine Göttin? Denn, o! wie viel empfand
Bey diesem Rauschen sein Herz! — Er eilet
sie zu finden,
Und findet — Kolifischetten, die, ohne
ihn zu sehn,
In tiefen Gedanken ging. Er bleibt voll
Unmuth stehn;
Denn umzukehren und zwischen den Myrten-
hecken,
Ohn' einen scheinbaren Grund, vor ihr sich zu
verstecken,
Schien gegen die Regeln des Wohlstands zu gehn,
Und mit zu weniger Schonung sein Herz ihr
aufzudecken.

25.

Er blieb demnach, in Hoffnung von ihr gesehn
Zu werden, wie gesagt, an einer Ecke stehn,
Wo, ohne ihm geflissentlich auszuweichen,
Sie nicht vermeiden kann an ihm vorbey zu
streichen.
So, denkt er, muß sie unfehlbar mich sehn.
Allein sie fand für gut mit ihrem Fächer zu
spielen,

ZWÖLFTER GESANG.

Und, ohne nur einen Blick auf seine Person zu
 schielen,
Ganz langsam ihren Weg zu gehn.
War diefs Verachtung? — Wer könnte sich
 verwehren
So einen Zweifel wie diesen sich selber aufzuklären?

26.

Durch einen Seitengang schleicht er nochmahls
 sich so nah'
Dafs sie ihn sehen mufs. Allein die Dame sah,
Bis sie vorüber war, zur Linken im Gebüsche
Zwey schönen gehaubten Täubchen, die dort
 sich schnäbelten, zu.
Wer dächte wohl, dafs so wenig genug ist
 die Seelenruh'
Von einem Helden zu stören? — „Wie?
 Gestern Abend bey Tische
So zärtlich, und jetzt bis zur Beleidigung
 kalt!
Sie schien ihm so viel mit ihren Augen zu
 sagen;
War's nur zum Zeitvertreib? War's Schatul-
 liösen zu plagen?
War's gar ein andrer Mann, dem jene Zärt-
 lichkeit galt?"

27.

Dieß Unrecht ging ihm itzt um so viel mehr
    zu Herzen,
Da sie ein Morgengewand, womit die Zefyrn
    scherzen,
Gewählt zu haben schien um ihre Nymfen-
    gestalt
In ein verführerisch Licht zu setzen.
War's Grille, oder was war's, daß sie sich
    so benahm?
Und will sie vielleicht sich nur an seiner
    Verwirrung ergetzen?
Er ward sich selbst und dem Licht und den
    Nymfengestalten gram,
Und doch, ich weiß nicht wie es kam,
Befand er bald darauf, in einem kleinen Fieber
Verwirrter Regungen, sich der Schönen gegen
    über.

28.

Jetzt konnte sie nicht umhin, das feine Kom-
    pliment,
Womit er sie begrüßt, ihm höflich wieder zu
    geben.
Sie stellt sich klüglich als eine, die eben
Den wieder gefundenen Freund in einem Frem-
    den erkennt.
O! ruft sie, des gütigen Zufalls! Wie find' ich
    Sie, mein Bester,

So unverhofft in diesen Gärten hier?
Wo, wenn man fragen darf, wo haben Sie
  meine Schwester,
Die Blonde, gelassen? — Jedoch, vor allem
  gebührt es mir
Sie zu berichten, wie ich, nachdem wir
  Abschied genommen,
Mit Blömuranten, dem Seufzer, in die-
  ses Schloß gekommen.

29.

Sie schlendert, indem sie erzählt, an seinem
  Arme fort,
Und nimmt, als wär' es bloß ein Werk des
  Zufalls gewesen,
Den Weg unmerklich nach dem Ort
Wo Schatulliöse des Ritters Bezauberung
  aufzulösen
Die Ehre gehabt. Sie traf es auf ein Haar,
Daß sie die Stelle, bey welcher ganz sachte
  vorbey zu schleichen
Er Miene macht, in eben dem Nu erreichen,
Da sie mit ihrer Geschichte fertig war.
Das Feuer, das auf den Wangen des armen
  Ritters brannte,
Verrieth ihr, daß er den Ort nur gar zu gut
  erkannte.

30.

Betroffen sucht er, wiewohl verstohlner Weise
nur,
In ihren Augen auf, ob diefs ihr Gedanke
gewesen?
Allein die schlaue Kreatur
Liefs selten in ihren Augen, was sie nicht
wollte, lesen.
Nun, sprach sie, mein Herr, ich dächte wir
setzten uns hier
Auf dieses Säulengestell, und Sie erzählten mir
Was Ihnen, seitdem wir uns trennten, für
schöne Avantüren
Begegneten. Zwar hat Fama, die Wahrheit zu
sagen, davon
Uns etwas ins Ohr geflüstert; allein, die kennt
man schon!
Sie pflegt die Geschichte gern ein wenig zu
brodieren.

51.

„Die Fama? — (spricht mein Held mit glü-
henden Wangen) Madam,
Ich bin ihr verbunden, wofern sie diese Mühe
sich nahm,
Doch hätt' ich nicht gedacht, dafs solche Klei-
nigkeiten —"
Bescheidenheit! ruft die Prinzessin: an einem
Manne wie Sie

Sind Dinge bemerkenswürdig, die nichts an
 andern bedeuten.
Doch, um Vergebung, mein Herr, wenn diese
 Melodie
Ihr Ohr vielleicht verletzt? — „Sie scher-
 zen." — Und Sie erröthen?
„Das dächt' ich nicht." — Zum Bren-
nen! — „So muſs der gestrige Wein—"
Aufrichtig, mein Herr, ich sehe nicht ein
Warum Sie verlegen sind; was hätten Sie das
 vonnöthen?

32.

Doch! — Nun errath' ich es — Richtig! das
 löst das Räthsel mir auf!
Bekennen Sie, Ritter, Sie sind ein kleiner
 Ungetreuer?
Sie spielen gerne den Damenbefreyer,
Allein, Sie setzen, so scheint's, auch einen
 Preis darauf.
„Prinzessin, ich sehe Sie wissen —"
 Von Ihrer geheimen Geschichte
Ein wenig mehr, mein Herr, als einem gewis-
 sen Paar
Behagen mag. — „Madam, aus diesem
 Ton ist klar
Daſs Ihnen die Sache in einem fal-
 schen Lichte —"

Verzeihen Sie mir! auch darin irren Sie
  Sich;
Ich habe sie von der Quelle; der Neger bewir-
  thete mich

33.

Mit jedem Umstand davon. Es war, man muſs
  gestehen,
Ein tückischer Einfall von ihm, Sie in dem
  drohenden Stand,
Worin er, wie man sagt, bey Blaffardinen
  Sie fand,
Den Nymfen zum Schrecken so lang' in sei-
  nem Garten stehen
Zu lassen, bis sich, wer weiſs aus welchem
  Feenland,
Die Obermeisterin von allen Preziösen
Hieher verirrte, mit eigner keuscher Hand
Den Zauberknoten aufzulösen.
Es war sehr glücklich, mein Herr, daſs diese
  in Schatulliösen
So bald zu Ihrem Troste sich fand!

34.

Sie hätte ja eben so leicht am andern Ende der
  Erden
Versteckt seyn können und lange vergebens
  erwartet werden. —
„Prinzessin, (versetzt der Ritter mit etwas
  Ungeduld)

Mich geb' ich Preis; nur schonen Sie, darf
 ich bitten,
Des Ruhmes von einer Dame, die ohne ihre
 Schuld
Schon mehr als zu viel um meinetwillen
 gelitten!" —
Sie haben Recht, mein Herr; es wäre lieblos,
 ihr
Die Ohnmacht, worin sie lag, zum Vorwurf
 machen zu wollen.
Wie hätte sie nicht in Ohnmacht fallen sollen?
So wie die Sache lag, was that sie als ihre
 Gebühr?

35.

Wo ist ein Mädchen von feinem Gefühl für
 Ehre,
Die gegen das Urtheil der Welt, das niemand
 mehr als wir
Zu fürchten hat, so fest gepanzert wäre,
Um nicht dasselbe zu thun? Und wirklich,
 verzeihen Sie mir,
Läſst für ein Mädchen, zumahl für eine Prin-
 zessin, von Ehre,
Die wenigstens das, was viele den bösen
 Schein
Zu nennen pflegen, scheut, sich schwerlich ein
 Unfall erdenken,

Worin es verdrießlicher wäre zur Ohnmacht
gezwungen zu seyn.
Das weiß ich, geriethʼ ich je in solch ein
Unglück hinein,
Ich würde mich selbst in meinen Thränen
ertränken!

56.

Bedenken Sie selbst, mein Herr, — Hier fand
der Paladin,
Der bis hieher auf glühenden Kohlen gelegen,
Es länger auszustehn gehʼ über Menschenver-
mögen.
Schon schwebte ein derber Fluch auf seinen
Lippen, als ihn
Zu gutem Glücke die Ankunft der Dame seiner
Gedanken
Zum zweyten Mahle befreyt. Zwar fing sein
hoher Begriff
Von ihrer Tugend bereits ein wenig an zu
wanken:
Allein er hätte zur Schmach, auf einem Räu-
berschiff
An Ketten zu rudern, sich eher verglichen,
Als länger gemartert zu seyn mit solchen Wes-
penstichen.

Zwölfter Gesang.

37.

Die Sultanstochter erschien demnach
Als eben von seiner Geduld der letzte Faden
    brach.
Entzücken war in seiner ersten Regung;
Allein, sie kam — an Karamells Arm!
Diefs stimmte flugs die zweyte Bewegung
Zehn Grade tiefer herab. Sein Kopf war itzt
    zu warm,
Um nur ein Stäubchen mehr als er bereits
    ertragen
Erträglich zu finden. Ihm schwoll das Herz
    empor,
Er hätte sich gern mit der ganzen Welt
    geschlagen,
Und wirklich nahm er den Ritter, statt bey
    der Hand, beym Ohr;

38.

Zwar blofs aus Zerstreuung. Auch, fern dafs
    er's gerüget hätte,
Begnügte Herr Karamell sich, mit seinem
    flegmatischen Ton
Zu sagen: Diefs ist mein Ohr, Herr Ritter! —
    Selbst Kolifischette
Fing an zu merken, sie habe die Indiskrezion
Zu weit getrieben, und suchte den Fehler gut
    zu machen.

Bald fand man sich wieder geschickt von nichts
 bedeutenden Sachen
Zu schwatzen, zu lachen, zu tändeln; und
 unser Paladin
Sah in des fremden Ritters und Schatulliösens
 Betragen
Nichts, das ihm Grund zu geben schien,
Ihm seine Freundschaft, ihr sein Zutraun
 aufzusagen.

59.

So kann, trotz seinem Falkenblick,
Ein warmer Kopf oft falsch aus wahren Bemer-
 kungen schliefsen!
Wir hielten nehmlich bisher mit einem Geheim-
 nifs zurück,
Das wir dem Leser, *sub rosa*, nunmehr eröff-
 nen müssen.
Dafs Karamell lange schon an Schatulliö-
 sen hing,
Als diese aus Angst vor dem Riesen ins Netz
 des Tritons ging,
Und welchen Dank, für alles sein Bestreben
Ihr zartes Herz zu gewinnen, der arme Ritter
 empfing,
Da sie den Vorzug vor ihm Don Boreassen
 gegeben:
Diefs wird dem geneigten Leser in frischem
 Gedächtnifs noch schweben.

Zwölfter Gesang.

40.

In Karamells Busen lag das Unrecht tief verwahrt,
Das er durch ihre Wahl erlitten zu haben glaubte.
Wiewohl er, da ihn der Zufall mit Dindonetten gepaart,
Sich eine kleine Zerstreuung erlaubte,
So schwor er doch — und schwor's bey kühlem Blut —
Nichts sollte die Ungetreue vor seiner rächenden Wuth
Beschützen, so bald er dazu nur eine Gelegenheit fände.
Nun hatte sie, eh' er's gehofft, das Glück in seine Hände
Gespielt, und der neue Beweis von ihrem Wankelmuth
Trieb ihm die Galle nun vollends ins Blut:

41.

Und da er sich, durch einen der dienstbaren Geister
Im Hause, mit leichter Mühe zum Meister
Von ihrem Geheimniß gemacht, so war die Schwierigkeit
Nicht groß, den Angriffsplan gehörig anzulegen.
Der Dame selbst war eine Gelegenheit,

Sich wieder in Achtung bey ihm zu setzen,
nicht entgegen.
Sie hatten sich also, so bald sich diese gezeigt,
Zu einem Spaziergang in den Alleen
Des Parks bestellt, von süfser Hoffnung gesäugt,
Einander wechselsweise nach Lust zu hinter-
gehen.

42.

Und weil man des Ritters vermeintliche Klage
Genauer zu untersuchen beschlossen (was bey
Tage
Nicht thulich war) so wurde von Schatulliösen
zuletzt
In einem Gartengemach die erste Stunde vor
Morgen
Zu einem *Tête-à-tête*, doch ungern, an-
gesetzt.
Denn Karamell, der die Verachtung viel-
leicht zu wenig verborgen
Die sie ihm einflöfst, hatte mit einem entfalle-
nen Wort
Sich merken lassen, ihm sey der schwache Ort
Von ihrer Tugend bekannt. Diefs macht ihr
für Amadis Sorgen;
Wie leicht pflanzt so ein Verdacht auf einen
Freund sich fort!

43.

Zum Unglück daß, versteckt in einem Kabinette,
Bey dieser Bestellung ein Zeuge zugegen war,
Ein junger Gnom; und, was noch schlimmer, gar
Der Kammergnom der schönen Kolifischette;
Ein kleiner Schalk, wie Pagen meistens sind,
Der seine gutherzige Lust in andrer Plage findt,
Und, wenn er Gelegenheit sieht, durch seine Schelmereyen
Ein zärtliches Paar um einen Rendez-vous
Zu bringen, oder um nichts zwey Freunde zu entzweyen,
Sich einbildt, es schicke der Himmel ein grofses Glück ihm zu.

44.

Wen ein Geschöpf von dieser edeln Klasse
Von ungefähr behorcht, verlasse
Sich drauf, es werd' ihm nicht besser ergehn
Als Midas dem König. Der hatte längere Ohren
Als man an seines gleichen zu sehn
Gewohnt ist; nicht, als hätte die Dame, die ihn geboren,
An einem Faun sich versehn: Apollo hatte dem König,

Bey einem bekannten Anlaſs, der Seiner Majestät
Geschmack und inneres Ohr ein wenig
Verdächtig machte, die Ohren um etliche Dau-
men erhöht.

45.

Don Midas, wie leicht zu erachten, trug eben
kein Verlangen
Zu diesem Zuwachs vom Hofe den Glück-
wunsch zu empfangen;
Im Gegentheil verbarg er diese Zier
So gut er konnte. Er war der Erfinder der Fry-
gischen Mützen,
Die über die Ohren gehn. Allein vor seinem
Barbier
In einer Frygischen Mütze zu sitzen,
War eine Sache von gröſsrer Schwierigkeit
Als er gedachte, zumahl wenn im Kalender die
Zeit
Zum Haar-abschneiden kam. Kurz aus dem
Handel zu kommen,
Der Mann wird in geheim in Eid und Pflicht
genommen.

46.

Er schwört, das Übermaſs von Majestät
Der Königsohren vor allen lebendigen Seelen,
So lieb ihm die seinigen sind, bis in sein Grab
zu verhehlen.

ZWÖLFTER GESANG.

Acht Tage schleicht, von seinem Geheimniſs
 gebläht,
Tiefsinnig den Kopf gesenkt, die Stirn in poli-
 tischen Falten,
Der arme Barbier herum, doch länger es auszuhalten
War keine Möglichkeit. Die Kronik sagt, er sey
Von jenem berühmten Barbier zu Bagdad Ahnherr gewesen,
Von dessen enthaltsamer Zunge wir alle zwei-
 felsfrey
In Tausend und Einer Nacht die seltnen Proben
 gelesen.

47.

Ihn schreckt des Königs Zorn, ihn ängstigt sein
 theurer Eid;
Mit beiden war doch wahrlich nicht zu spaſsen!
Doch sein Geheimniſs bey sich verfaulen zu
 lassen
Und endlich daran zu bersten, ist keine Kleinigkeit.
Indessen, da ihn sein Eid doch nur, vor lebendigen Seelen,
Verpflichtet, die Schmach des Königs zu verhehlen,
So giebt sein Genius endlich ihm einen Einfall ein,

Wobey, wie er glaubt, sein Bauch mit seinem
 Eide bestehet.
Er scharrt ein Loch in die Erde, und murmelt
 leise hinein
Was ihn acht Tage lang schon so schrecklich
 aufgebläht.

48.

Erleichtert schleicht sich nun der gute Mann
 davon,
Und glaubt es schön gemacht zu haben:
Allein im nächsten Lenz, wächst, wo er auf-
 gegraben,
Ein kleiner Wald von Rohr, und ein verräth'-
 rischer Ton,
So oft mit säuselndem Fittig ein Sohn von
 Zefyr und Floren
Es anweht, flüstert aus dem Rohr
Dem, der es hören will, ins Ohr:
Der König Midas hat — Eselsohren.
Der erste, der es hört, hat's kaum dem Nach-
 bar vertraut,
So spricht von dem Wunder bereits ganz Fry-
 gien überlaut.

Zwölfter Gesang.

Varianten.

Stanze 33, 34.

Es war sehr glücklich für Sie, mein Herr, in Schatulliösen
Die Dame so bald zu finden. Sie hätte zu Samarkand,
Smolensko, Pecking, wer weiß an welchem Ende der Erden
Versteckt seyn können und lange vergebens erwartet werden. —
„Prinzessin, versezt der Ritter mit etwas Ungeduld,
Verschonen Sie wenigstens doch die liebenswürdigste Dame!" —
Wie, Amadis? Schwärmen Sie gar? Wer hindert Sie denn, die Dame
(Sie wissen vermuthlich nicht, ihr Nahme
Ist Schatulliöse) zum Dank für ihre voreilende Huld
Zu würdigen wessen Sie wollen. Auch muß ich sagen, es wäre
Sehr lieblos (nichts Stärkers zu sagen) aus ihrer Ohnmacht ihr
Ein großes Verbrechen zu machen. Sie that bloß ihre Gebühr.

Wo ist in der ganzen Welt, das Meer und die
 Atmosfäre
Mit eingeschlossen, ein Mädchen von feiner
 Empfindung der Ehre,
Die weniger thäte? Und wirklich, erlauben
 Sie mir,
Läſst für ein Mädchen von Ehre sich kaum ein
 Fall erdenken,
Worin es verdrieſslicher wäre bey einer Schwach-
 heit sich
Ergriffen zu sehn. Wahrhaftig, ich würde mich
Vor Gram in einer See von meinen Thränen
 ertränken.

Stanze 44, 45.

Die Wahrheit war, es hatte sie Föbus dem
 König
Bey einem bekannten Anlaſs erhöht,
Der Seiner Frygischen Majestät
Geschmack und inneres Ohr ein wenig
Verdächtig machte. Don Midas, wie man sich
Leicht vorstellt, trug nun eben kein Verlangen,
Zu diesem Zuwachs öffentlich
Vom Hof und den fremden Ministern den
 Glückwunsch zu empfangen. u. s. w.

Zwölfter Gesang.

Anmerkungen.

1) **Dem alten Proteus gleich.**
Proteus ist einer von den Meergöttern der zweyten Ordnung bey den alten Dichtern. Er besaſs die Gabe der Weissagung; man muſste ihn aber vorher binden, und ehe er's dazu kommen ließ, nahm er alle mögliche Gestalten an; daher das Sprichwort, veränderlicher als Proteus, und der Horazische Vers: *Quo teneam vultus mutantem Protea nodo?*

2) **Der Nebenbuhlerin Wuth.**
Juno, eifersüchtig über diese sterbliche Nebenbuhlerin, hatte ihr unter der entlehnten Gestalt ihrer Amme den bösen Rath gegeben, sich von Jupiter einen Besuch in der ganzen Majestät, worin er sich seiner Gemahlin zu nähern pflege, auszubitten. Er kam also mit Donner und Blitz, und Semele wurde das Opfer davon.

3) **Von einer schönen Braut —**
Diese Formen von der uralten Gewohnheit, es einander zuzubringen, so platt sie uns jetzt vorkommen, waren, zur Zeit da dieses Gedicht gemacht wurde, noch in dem gröſsten Theile von Deutschland üblich.

DREYZEHNTER GESANG.

1.

Inzwischen hatte Herr Tulpan vom Rausch der
gestrigen Nacht
Sich wieder hergestellt, und grofse Anstalt
gemacht
Den Damen und Rittern, mit denen er Spafs
zu haben gedenket,
Die Zeit zu vertreiben. Man wurde dieses Mahl,
Nach einem unendlichen Schmaus im grofsen
Spiegelsahl,
Mit einer Opera buffa von seiner Erfindung
beschenket;
Denn unser Mann war alles was ihr wollt:
Er hatte ein mächtig Talent zu Gastereyen und
Festen,
Er machte auch Verse — so, so! — sie klan-
gen nicht zum besten,
Doch desto besser klang sein Gold.

DREYZEHNTER GESANG.

2.

Man lobte an seinem Schauspiel — Verzierung
 und Maschinen,
Ihm kostete alles diefs nur einen Zauberschlag;
Mit tausend krystallnen Leuchtern macht' er
 die Nacht zum Tag,
Schuf Zaubergärten aus Wüsten und liefs den
 Winter grünen:
Doch, dafs der letzte der Negern, wenn Sylfen
 und Gnomen ihm dienen,
Den grofsen Negus selbst hierin verdun-
 keln mag,
Ist keine Kunst. Die Herren und Damen
 erhoben
Auch seine Musik: allein, was diese betrifft,
So können wir seinen Geschmack am Bunten
 und Schweren nicht loben,
Denn uns ist beides Ohrengift.

3.

Es lebe Galuppi und Hasse, und du, erzo-
 gen von Musen
Und Grazien, Sohn der Natur, mein Pergo-
 lese, du! *)
Dir hören, wenn du das Schwert im tief zer-
 rissenen Busen
Der göttlichen Mutter beweinst, mitweinende
 Serafim zu;

Und o! wem wallet nicht, von neuen Gefüh-
  len umfangen,
Das Herz vor innigem Verlangen
Zu sterben den süsen Tod, in den dein himm-
  lisches Lied
Den sanft entschlummernden Geist, von Engels-
  harfen umgeben,
Hinüber in Elysium zieht,
Des Weisen Übergang zu einem bessern Leben!

4.

In Ihm, ihr Priester der Musenkunst, studiert
Den hohen Geschmack des Wahren gepaart zum
  Schönen,
Die Kunst mit starken Gefühlen den Busen
  auszudehnen,
Die Kunst, die Steine beseelt und Seelen den
  Leibern entführt.
Seyd stolz genug den neuen Marsyassen [2])
Die eitle Kunst zu überlassen,
Die, ähnlich einem Zauberfest,
Bey ihrem schimmernden Prunk das Herz ver-
  hungern läst,
Mit Tönen spielt wie Gaukler aus den Taschen,
Und immer blenden will und immer über-
  raschen.

5.

Das Schauspiel, die Tafel, und alles war nun
 gottlob! vorüber,
Und auch der Neger — der gern im Guten sich
 übernahm,
Und schönen Augen, umringt mit Flaschen,
 gegenüber,
Zerstreut durch jene, sehr leicht von diesen
 zu viel bekam —
Ward, zwischen Seyn und Nichtseyn (nach sei-
 ner Gewohnheit) verloren,
Zum Troste der Damen, zu Bette bugsiert,
Kurz, alles im Hause schlief, und lag noch auf
 den Ohren:
Als um die Zeit, wenn vor Auroren
Die braune Nacht in Dämmerung sich verliert,
Die keusche Wittwe des Triton, in sieben
 Schleier drappiert,

6.

Sich, eingedenk ihres Versprechens, nach dem
 bestimmten Orte,
Beym funkelnden Lichte der *Spica Vir-
 ginis* 3)
Von ihren Füſsen tragen liefs.
Sie fand, wie billig, an der Pforte
Des Sahls Don Karamellen schon,
So frisch und schmuck wie weiland Seladon,
Mit offnen Armen ihrer warten.

Sie spricht: Ich dächte, mein Herr, weil's
    noch in diesem Sahl
Sehr dunkel ist, wir gingen in den Garten?
Dort haben wir doch die Sterne zu Zeugen. —
    „Ein andermahl,

7.

Wenn's Ihnen beliebt, Prinzessin; nur dieſs-
    mahl nicht! Ich bitte
Bemühen Sie Sich in meine kleine Hütte,
Sie ist mit einem Sofa möbliert —"
Mit einem Sofa, mein Herr? — „Auf dem
    sich's herrlich lieget.
Man wird so sanft darauf gewieget!" —
Mein Herr, Sie haben mich zu einem Schritte
    verführt,
Wobey ich Mühe habe mich für mich selbst zu
    halten.
Sie sehen wie weit mein Vertrauen auf Ihre
    Weisheit geht! —
„Ich kenne, versetzt der Ritter, und ehre die
    Majestät
Von Ihrer Tugend, Madam; hier ist, sie zu
    entfalten,

8.

Die schönste Gelegenheit da; sie soll bey Ihrem
    alten
Blaubärtigen Triton nicht besser versorgt gewe-
    sen seyn!

Geruhen Sie alle Skrupel für überflüssig zu
halten;
Sie waren wohl eher mit einem Don Boreas
allein!" —
Diefs, fällt sie ein, diefs ist es eben,
Was, Ihnen den Schlüssel zu meinem Betra-
gen zu geben,
Diefs leidige *Tête-à-tête* mir abgenöthigt
hat. —
„Ich bitte Sie, schönste Prinzessin, kein Wort
hievon zu verlieren!
Wo niemand klagt, findt keine Vertheidigung
Statt;
Sie sind in dem Alter Sich selber zu regieren.

9.

Wer hat ein Recht zu fragen, was machen
Sie da?
Und könnt' ich allenfalls durch das was jüngst
geschah
Beleidigt scheinen, so ist — ich schwör's bey
allen Kreisen
Des Ptolemäischen Himmels! — ein einziges
Mittel nur
Mir Ihre Unschuld zu beweisen." —
Und welches? fragt die sanfte Kreatur
Mit lispelndem Ton. — „Es ist, mich kurz zu
fassen,

Auf diesen Sofa Sich gnädigst niederzulassen —"
Was für ein grillenhafter Mann
Sie sind! Ich sehe nicht, was dieß beweisen
kann.

10.

Doch Ihnen gefällig zu seyn, da bin ich! —
„Reitzende Güte!
Wie sehr verbinden Sie mich! In diesem
Augenblick
Wird alles Vergangne zum Traum. Der müßt'
ein doppelter Skythe,
Ein Karaibe seyn, aus einem knotigen Stück
Von Eichenholz gehackt, der sich, so nahe
bey Ihnen,
Auf einem elastischen Sofa, vom Morgenstern
beschienen,
Nicht sehnte, den leisesten Wunsch gereitzter
Rachbegier
Zu Ihren Füßen auszuhauchen." —
Wie, Karamell? (spricht die Dame) Sie reden
so mit mir?
Vergessen Sie nicht, mein Herr, ein wenig
Respekt zu brauchen!

11.

Der Ritter, nicht sehr durch diese Grimasse
geschreckt,
Erwiedert: „Sie scherzen, Prinzessin! Wer
weiß es besser, wie brünstig,

Wie lange Sie Karamell liebt, und ach! Sie
  fodern Respekt!
Itzt, da der Stern der Liebe zum ersten Mahl
  ihn günstig
Bescheint, Respekt! Sie selbst, was dächten
  Sie von ihm,
Wofern er, wie ein Thor, die schönste der
  Morgenstunden
Entschlüpfen liefse?" — Mein Herr, Sie wer-
  den ungestüm!
Vermefsner! was haben Sie je in meinem Betra-
  gen gefunden,
Das eine Sprache wie diese — „Prinzessin,
  fällt er ein,
Ich bitte Sie, zwingen Sie mich nicht, indis-
  kret zu seyn!

12.

Nichts vom Vergangnen zu sagen (ich will Sie
  Boreassen
Und Ihren Wassermann selbst ganz gern verges-
  sen lassen)
Allein, ich weifs Sie lieben den schönen
  Amadis;
Sie haben Sich ihn zur Dankbarkeit verbunden;
Der Stand, worin Sie ihn in diesem Garten
  gefunden,
Die Gunst, die Ihre Hand ihn damahls fühlen
  liefs,

Diefs nennt man Proben, die keinen Zweifel
erlauben!
Sie sehen, Erläutrungen wären bey mir nicht
angewandt.
Was brauchen Sie das? Ist Ihnen mein Herz
nicht längst bekannt?
Ich will von allem nichts zu Ihrem Nachtheil
glauben:

13.

Doch, sprechen Sie selbst, verdient so viel
Ergebenheit
An Ihrer Seite nicht auch ein wenig Dank-
barkeit?" —
Die Dame seufzte, schwieg, und fiel in tiefe
Gedanken;
Nur läfst ihr, sich frey zu entschliefsen, der
Grausame keine Zeit,
Und endigt, was weifs ich wofür, sich ziem-
lich kalt zu bedanken.
Zum Unglück stiefs unmittelbar
An eben diesen Sahl, worin wir Schatullıösen
Beschäftigt sehen die Zweifel des Ritters auf-
zulösen,
Ein kleines *Boudoir* an, das ihnen unbe-
kannt war,
Und — rathet, wer darin gewesen?

14.

Wer anders als Amadis selbst? — Das war
 ein häfslicher Streich!
So geht's, wenn man vergifst, dafs Wände
 Ohren haben!
Der naseweise Gnom von einem Edelknaben
War einzig Schuld daran! Nun denket selbst,
 wie euch
Bey einer solchen Verhandlung die dritte Per-
 son gefiele!
Sie wufsten zwar von nichts, und glücklich
 war's für sie!
Doch Amadis, dessen Rolle bey diesem Freu-
 denspiele
Die angenehmste nicht war, fand desto gröfsre
 Müh',
Sich selbst in Fassung zu halten. Schon folgte
 dem raschen Triebe
Der zornigen Seele sein Arm, dem Trieb belei-
 digter Liebe;

15.

Schon wollt' er den Degen ziehn, und hätte
 durch Einen Stofs
Zwey schuldige Seelen dem Orkus zugesendet.
Allein, erschrecket nicht! die Gefahr ist nicht
 so grofs;
Denn, da er ziehen will, so war ihm das
 Eisen entwendet.

Das hatte der schelmische Gnom aus schlauer
Vorsicht gethan,
Den Spaſs dadurch vollständig zu machen.
Wie lustig wird es seyn (er muſs zum voraus
lachen)
Wenn Amadis, schnaubend und roth wie ein
gereitzter Hahn,
Den Degen aus der Scheide ziehet,
Und nur ein hölzernes Eisen in seinen Händen
siehet!

16.

In Fällen dieser Art kommt einem Biedermann
Sein Seneka vortrefflich zu Statten:
Er sagt uns gegen den Zorn, was man nur
sagen kann
Wenn Witz und kaltes Blut sich mit Rhetorik
gatten.
„Ein Weiser sollte den Thoren, den Wurm,
die Mücke, die ihn
Gestochen, mit seinem Zorne beehren?
Ihn sollten Dinge, die nicht zu seinem Wesen
gehören,
Ein schlüpfriges Weib, ein kleiner Baladin
Von einem Gnom, in seiner Ruhe stören,
Und aus sich selbst heraus in ihren Wirbel
ziehn?"

DREIZEHNTER GESANG.

17.

Mit solchen Frasen kühlte der Ritter
Sich selber vollends ab, so wie sich das Ungewitter
In seinem Blute zertheilte; und, merkten wir's nicht an,
So dächte wohl keine Seele daran,
Daſs sieben Achtel davon dem kleinen Gnom gehören,
Der so besonnen war, sein Eisen in Holz zu verkehren.
Er hat nichts dringenders nun, als aus dem verhaſsten Schloſs
Sich auf der Stelle zu verbannen;
Er schleicht sich unbemerkt fort, besteigt sein edles Roſs,
Und reitet im groſsen Trott von dannen.

18.

Schon ritt er einen halben Tag,
Unmuthig — wie ein Fuchs, der einen Hühnerschlag
Zu wohl verschlossen fand, mit eingezogenem Bauche,
Gesenktem Schweif und melankolischem Blick,
Unwillig sich entfernt, und nach dem Hofe zurück
Oft traurig schielt, und seinem aufwirbelnden Rauche.

Das Gleichniß, in der That, ist von den edel-
  sten nicht,
Doch immer so gut, als, wenn in seinem
  erhabnen Gedicht
Den Ajax, der dem Schwall der Feinde langsam weichet,
Altvater Homer mit einem Esel vergleichet;

19.

Wiewohl Herr Dacier uns mit gutem Fuge
  belehrt,
Daß dazumahl das Thier mit langen Ohren
In höherm Ansehn stand, als seit es seinen
  Werth
Durch die Vergleichungen verloren,
Womit man, auf seine Kosten, zweybeinige
  Thiere beehrt. 4)
Der Ritter also hing die Ohren
Und sprach kein Wort: als endlich Ferafis,
Sein Sekretär, nach öfterm Husten, es wagte
Und seinen Herrn um den Grund von dieser
  Traurigkeit fragte:
Darf man sich unterstehn, Herr Ritter Amadis,

20.

Zu fragen, warum Sie so hastig aus einem
  Schloß Sich entfernten,
Worin wir so wohl uns befanden, und Damen
  kennen lernten,
Dergleichen man in diesem wilden Refier

Zu finden schwerlich hoffen konnte,
Und just, da ein näher Verhältniſs sich anzu-
    spinnen begonnte,
So rasch Sich entfernten? Sie sind, vergeben
    Sie mir,
Ein wenig zu spröd, und haben die Thränen
    auf Ihrem Gewissen,
Die ein so unverhoffter Entschluſs
Der schönen Schatulliöse unfehlbar kosten
    muſs.
Ich irrte mich, wie ich sehe, gar sehr in mei-
    nen Schlüssen.

21.

Ein tiefer Seufzer war alles, was unser Held
    hierauf
Versetzte. Dieſs nahm sein Begleiter für stille
    Verwilligung auf,
Zu plaudern so lang' er wollte; und also sprach
    er weiter:
Ich gebe mich zwar für keinen Zeichendeuter,
Allein, nach meinem System, hat man die
    Augen zum — Sehn,
Und wer berufen ist, bey zween
Von Amorn angeschoſsnen Leuten
In einer bequemen Entfernung, wie unser
    einer, zu stehn,
Bemerkt oft tausend Kleinigkeiten,
Die dem, der selbst im Spiel verwickelt ist,
    entgehn.

22.

Die Dame, das wollt' ich beschwören, wiewohl
sie zo züchtig thut
Als ob sie den heiligen Korb der Göttin Ceres
trüge,
Hat nicht blofs gleichsam Fleisch und Blut.
Ihr schlüpfriges Auge, das Wallen in ihrem
Busen, die Gluth
Von ihren Wangen, beweist ihr sprödes
Ansehn lüge.
Mein Herr, Sie wurden geliebt! — Nicht,
dafs ich eben damit
Behaupten wollte, die Liebe der schönen Scha-
tulliösen
Sey von der empfindsamen Art gewesen,
Wie jene zwischen dem schönen Pertharit
Und seiner Prinzessin, wovon wir im *Bélier*
lesen:

23.

Noch wie die Liebe der Sympathie,
Die Tristram uns so sentimentalisch beschrie-
ben: 5)
„Amandus Er, Amanda Sie,
Die durch ein hartes Geschick, Er ost, Sie
west getrieben,
Sich zwanzig Jahre lang nie sehn und einzig
lieben;

DREYZEHNTER GESANG.

Er von Korsaren gefangen und nach Marokko
gebracht,
Wo sich die Tochter des Kaisers in seine Figur
vernarret,
Viel Jahre in einem Thurm ihn füttert, Tag
und Nacht
Mit Locken und Weinen und Flehn die Haut
zu eng' ihm macht,
Und, ihrer Reitze gewiſs, stets seiner Besserung harret;

24.

Und endlich, da er wie Pech an seiner Amanda hält,
Den prächtigsten Hals, der den von Auroren
und Floren
Und Frynen verdunkelt hätte, entblöſst, zu
Füſsen ihm fällt,
Und fleht, zum wenigsten nur die einzige
Lieb' in der Welt
Ihr anzuthun, und ein Messer ihr in die Brust
zu bohren;
Doch alles umsonst! Indessen Amanda mit
nacktem Fuſs
Die Welt durchläuft, vom schroffen Kaukasus
Nach Kadiz, von da zurück zur Stadt des
Alabandus, 6)
Und Berg und Thal, und die Ufer von jedem
berühmten Fluſs
Mit seinem Nahmen erfüllt, Amandus, ach
Amandus!

25.

Nichts denkt, nichts sucht als ihn, vor lauter
 Liebe nicht Zeit
Zum Essen und Trinken hat, und, wenn sie
 aus Mattigkeit
Auch endlich einschläft, nur von ihrem Amand-
 us träumet;
Vor keiner Stadt sich länger säumet
Als unter dem Thore zu fragen: O sagt mir,
 aber geschwind,
Ist mein Amandus nicht hier? — Bis end-
 lich, wider Verhoffen,
Nachdem sie beide, sich suchend, die Erde
 rund umloffen,
Sie, vor dem Thor zu Lyon, wo sie zu Hause
 sind,
Einander in die Arme rennen,
Und, da sie kaum vor Freude noch rufen
 können:

26.

Lebt mein Amandus ⎱ noch? — im nehm-
Lebt meine Amanda ⎰ lichen Augenblick,
 todt
Zur Erde sinkend, die liebenden Seelen verhauchen."
So weit läfst wohl die Prinzessin die Sachen
 ohne Noth

Nicht kommen! Mir däucht, sie weiſs das
　　　Leben besser zu brauchen,
Und fühlt wohl schwerlich von Mutter Natur
　　　sich' bestimmt
Von *Sentimens* und von Ideen zu leben.
Mein gnädiger Herr, Sie müssen mir vergeben!
Sie suchen ein Ideal — Allein, der Weise nimmt
Die Dinge wie sie sind, und was der Topf
　　　bescheret
Würzt Hunger zu Götterkost, — wie unser
　　　H o r a z uns lehret.

27.

Herr Ferafis hätte (da, in Gedanken verirrt,
Sein Herr auf sein Reden nicht achtet) noch
　　　lange so fortgedahlet,
Als durch ich weiſs nicht was, das aus den
　　　Büschen strahlet,
Im Staunen dieser, und jener im Plaudern
　　　gehemmet wird.
Sie nähern sich, und sehn durch's grüne Gitter
Der Hecken einen feinen Ritter,
Der ein Mahl über das andre zum Zeitvertreibe
　　　gähnt,
In blauen Waffen mit Gold an einen Baum
　　　gelehnt.
Er hatte den Ort, wie es schien, zum Mittags-
　　　mahl erkoren;
Zum wenigsten macht' ein Zwerg mit langen
　　　Faunenohren

28.

Sich viel zu thun, den Boden mit einem Tafel-
tuch
Zu decken, und eine Pastete mit andern Nied-
lichkeiten
Vor seinem Herren auszubreiten.
Der weise Ferafis fand den angenehmen Geruch,
Der ihm entgegen weht, von guter Vorbe-
deutung;
Sehr froh, dafs sich sein Prinz nicht abgeneigt
bezeigt
Den Fremden kennen zu lernen. Sie folgen
also der Leitung
Der spürenden Nase. Man langet an, nun steigt
Vom Pferd, und gleich im ersten Entgegen-
gehen,
Ist beiden, sie hätten einander schon irgendwo
gesehen.

29.

Kaum haben die Herren sich genauer
Ins Auge geblickt, so erkennt mit angenehmem
Schauer
Der schöne Amadis stracks im blauen Ritter den
Mann,
Der von der Fee, durch die er dem Zauber-
thurm entkommen,
(Wovon vielleicht, was unlängst Ferafis

Erzählte, noch Spuren in euerm Gedächtniſs
  ließ)
An seiner Stelle Besitz genommen,
Als seine Fantasie sich abzukühlen begann.
Willkommen, ruft er, und drückt ihm beide
  Hände, willkommen,
Herr Antiseladon! Wie treffen wir hier
  uns an?

50.

Gestehen Sie mir's, Herr Bruder, Sie suchen
  Abenteuer
In diesem Gebirge? — „Nicht daſs ich wüſste,
  versetzt
Der Blaue; man wird der Ungeheuer,
Verwünschten Prinzessinnen, Feen, und Rie-
  sen und Zwerge zuletzt
So satt, daſs einer vor ihnen nach Grönland
  flüchten möchte,
Und wär' es auch auf einem Fischerkahn." —
Herr Bruder, das nenn' ich Spleen, erwiedert
  jener; man dächte
Was Ihnen die armen Prinzessen und Feen zu
  Leide gethan. —
„Nur gar zu viel Gutes, Herr Bruder, die
  reine Wahrheit zu sagen,
Und mehr als Fleisch und Blut geschickt sind zu
  ertragen.

31.

Mein Unglück, mit Einem Wort, ist — daſs
ich zu glücklich bin.
Sie halten dieſs vermuthlich für baren Eigen-
sinn?
Ich prahle nicht gern, doch so ist wahrlich
nicht länger zu leben!
Die Damen sollten sich wirklich ein wenig
theurer geben.
O! goldne alte Zeit, wo bist du hin geflohn,
Die einst die zärtlichen Ufer des sanften Lig-
non beglückte?
Als ihren frommen, verliebten, getreuen Sela-
don
Asträa um einen Kuſs auf ewig ins Elend
schickte;
Um einen armen Kuſs zu Lindrung seiner
Qual,
Den er, als Nymfe verkleidet, auf ihren Lip-
pen stahl!

32.

Da Jahre kamen und gingen, eh' sich ein Hirt
erfrechte
Und, bleicher als ein Gespenst, den Hut in der
bebenden Hand,
Mit stammelnder Zunge der strengen Hirtin
gestand,

Daß er — doch ihrem Geschmack am ewigen
Jungfernstand
Unpräjudicierlich — sein Herz ihr gern zum
Opfer brächte!
Da man zehn Prüfungsjahre nicht mehr als billig fand,
Und eh' das liebende Paar um den ersten Kuß
sich verglich,
Oft mehr als die Hälfte von beider Leben verstrich!" —
Und Sie, ruft Amadis, wollten hiezu die
Stimme geben?
Sie wünschten Sich wirklich, im Ernst, in
Seladons Zeiten zu leben?

35.

Was haben, Grausamer, Ihnen die unsern
denn gethan? —
„Herr Ritter, hören Sie nur erst meine Geschichte an,
Sie werden, das bin ich gewiß, mir Ihren
Beyfall geben;
In einem Stündchen ist alles abgethan!
Doch lassen Sie uns vorher mit Saft von Cyprischen Reben
Und einem leichten Mahl, so gut der Mantelsack

Von meinem Zwerg es giebt, die Lebensgeis-
ter erfrischen.
Für unsers gleichen taugt kein leckerhafter
Geschmack;
Der Zufall pflegt in Bergen und öden Gebü-
schen
Uns irrenden Rittern gar oft noch schlechter
aufzutischen."

DREYZEHNTER GESANG.

Varianten.

Stanze 5.

— — Und du, erzogen am Busen
Der Grazien, Sohn der Natur, mein Pergo-
lese, du!.
Dir hören, wenn du scherzest, *) entzückt die
griechischen Musen,
Es hören, wenn du das Schwert im tief zerris-
senen Busen
Der göttlichen Mutter beweinst, mitweinende
Engel dir zu.
Dir, ihrem Liebling, entdeckte das grofse
Geheimnifs die Herzen
Allmächtig zu rühren die Göttin Harmonie,
Der Einfalt hohe Kunst! Wir fühlen wahre
Schmerzen
Tief in der Brust und wünschen ewig sie
Zu fühlen. Dem Wilden selbst, von dessen
rauher Wange

*) Z. B. in der bekannten, und ehmahls, da an vortrefflichen Kompositionen in diesem Fache noch grofser Mangel war, so sehr beliebten *Serva Padrona*.

Nie sanfte Thränen gerollt, wird warm in seiner Brust;
Erstaunt erfähret er bey deinem hohen Gesange
Zum ersten Mahl der Thränen göttliche Lust.

Stanze 4.

In ihm, ihr Amfionen, studiert
Den hohen Geschmack, das Wahre zum ungefärbten Schönen
In edler Einfalt gepaart; die Kunst zu mahlen mit Tönen u. s. w.

Zwischen der 4ten und 5ten Stanze
ist Folgendes weggefallen:

Nach diesem Seitensprung — zu billigem Verdruſs
Von jedem echten Zoilus!
Wiewohl ein solcher dafür in seinem Exemplare
(Falls er ein eignes vermag) die beleidigten Regeln und sich
Mit einem langen rächenden Strich
Versöhnen kann — sehn wir uns um nach unserm zärtlichen Paare,
Das, eh' der Morgen erwacht, ungleicher Erwartungen voll,
In einem Gartensahl zusammen kommen soll.

Dreyzehnter Gesang.

Stanze 16, nach dem 8ten Verse:

Da fängt man mit sich selbst zu räsonnieren an:
Welch häßliches Ding um den Zorn! Er ist
   der schönen Natur
Zuwider, ist ungroßmüthig, ist schädlich,
   licht mit Schatten,
Haut in die Luft, und trifft sich selber nur;
Unmöglich ist's ihn mit der Weisheit zu gatten.

Stanze 17.

Er endigt endlich damit, für einen Fantasten
   den Sohn
Von seinem Vater, die Dame und ihren Endy-
   mion
Unwürdig seines Zorns zu erklären,
Und da ihn beides spornt aus diesem verhaßten
   Schloß
Sich auf der Stelle zu verbannen,
So schleicht er leise sich fort, u. s. w.

Stanze 26
sind folgende Verse weggeschnitten worden:

Auch lob' ich sie darum. So ganz zur Lust
   gebaut,
Wie sie, mit solchen Augen und einer so glat-
   ten Haut
Und solchen Alabasterarmen,

In denen sie den alten Titon sogar,
Wie alt und kalt er auch in Aurorens Armen
war,
Versuchen könnte zum Jüngling aufzuwarmen,
Ist, denk' ich, eine Dame nicht von der Natur
bestimmt u. s. w.

— — —

Wer wollte sich, zum Exempel, in einem
Gasthof nicht,
Wenn Vater Bromius nicht gleich Wein von
Nuits bescheret,
Mit Afsmannshäuser behelfen? Bey ausge-
löschtem Licht
Sind alle Katzen schwarz, wie Avicenna spricht,
Und was man nicht hat, ist leicht, bey dem
was man hat, entbehret.

Das Horazische Gesetz, *luxuriantia compescet*, muſs vielleicht nirgends strenger angewendet werden, als in scherzhaften und humoristischen Gedichten, wiewohl uns auch hier das *ne quid nimis* immer die Hand zurück halten muſs.

Dreyzehnter Gesang.

Anmerkungen.

1) *und du — mein Pergolese, du, u. f.*

Um das, was in dieser musikalischen Digression wahren Kennern der Musik und gerechten Schätzern musikalischer Verdienste zu einseitig, unrichtig und übertrieben scheinen mag, zu entschuldigen, bedarf es vielleicht nichts weiter als zu bemerken: erstens, daſs der Dichter hier ohne alle Prätension, bloſs nach seinem eignen individuellen Geschmack und nach dem sehr beschränkten Umfange seiner damaligen Kenntnisse in diesem Fach urtheilte; und dann, daſs diese Verse vor 24 Jahren geschrieben wurden, zu einer Zeit, da die Liebhaberey am Schweren und Bunten wirklich dem guten Geschmack in der Musik gefährlich zu werden schien, und die Revolution noch nicht angegangen war, welche der groſse Gluck wenige Jahre darauf in der dramatischen Musik bewirkte. Übrigens verliert Pergolese nichts dadurch von seinen Verdiensten, daſs er in der Folge, da die Tonkunst von Stufe zu Stufe bis zu einem Grad von Vollkommenheit empor stieg, wovon man vor vierzig Jahren noch keinen Begriff hatte, sowohl im komischen als im pathetischen Fache übertroffen worden ist; und sein *Stabat mater*, welches nach dem Urtheil eines Gretry (in seinen *Memoires sur la Musique etc.*)

alles in sich vereiniget, was der Kirchenmusik in pathetischen Styl eigen seyn muſs, wird, mit aller seiner Simplicität, in Ansicht der grofsen Wirkung, die es auf jeden Hörer von reinem Gefühl und unverwöhntem Ohr thun muſs, immer einzig in seiner Art bleiben, und von keinem spätern Meister, wie groſs und reich auch sein Genie und wie tief er in die Geheimnisse der Harmonie eingedrungen seyn mag, jemahls ausgelöscht werden.

2) den neuen Marsyassen.

Der Satyr Marsyas (sagt die poetische Legende der Griechen) machte dem Apollo den Vorzug auf der Flöte streitig, und muſste dafür, im eigentlichsten Verstande, mit seiner Haut bezahlen; eine Rache, die den Sieg des Gottes über den armen Satyr sehr verdächtig macht, und woraus sich schwerlich eine andere Lehre ziehen läſst, als daſs man mit Mächtigern nicht um den Vorzug in Talenten, worauf sie Anspruch machen, streiten soll.

3) *Spicá Virginis.*

So nennt man einen Stern der ersten Gröſse im sechsten Sternbild oder Zeichen des Thierkreises, welches den Nahmen der Jungfrau führt.

4) Womit man, auf seine Kosten u. s. w.

„Zu Homers Zeiten, sagt dieser gelehrte Mann, waren die Esel noch nicht so verachtet, als sie heut zu Tage sind; ihr Nahme war noch nicht zu einem

Schimpfworte gemacht worden, und Könige ritten noch auf Eseln. Homer konnte also den Ajax ohne Übelstand mit einem Esel vergleichen, sonderlich, da die Rede bloſs von seiner Hartnäckigkeit, Stärke und Geduld ist; und man kann (setzt er hinzu) über dieses Gleichniſs nicht spotten ohne eine Gottlosigkeit zu begehen, indem Gott selbst es in den Mund des Patriarchen Jakobs gelegt hat, da dieser in dem letzten Segen, den er seinen Söhnen ertheilt, sagt: Isaschar wird seyn wie ein starker Esel." (*Remarques sur la Poetique d'Aristote chap. 26.*) Madame Dacier, nachdem sie dieses heroische Räsonnement ihres Gemahls zu Rechtfertigung Homers angeführt hat, erklärt, nach ihrer Art, rund heraus: *qu'il n'y a rien de plus beau que cette image.* Und wirklich ist es ein Vergnügen, aus allem, was gelehrte und scharfsinnige Ausleger über diese Sache gesagt haben, zu ersehen, wie viel Schönes sich über einen Esel sagen läſst.

5) Die Tristram u. s. w.

S. *Life and Opinions of Tristram Shandy* Vol. VII. p. 115. ff.

6) zur Stadt des Alabandus.

Die Stadt Alabanda in Karien führte diesen Nahmen von ihrem Stifter Alabandus, dem Sohn einer Meernymfe und Enkel eines Flusses. Ihre Künstler waren ihres schlechten Geschmacks wegen so verrufen, daſs

Alabandicum opus zum Sprichwort wurde, um eine elende Kunstarbeit zu bezeichnen. Daß sie die Ehre, in diesem Gedicht aus der Vergessenheit gezogen zu werden, bloß dem Reim auf Amandus zu danken hat, versteht sich von selbst; wiewohl man diesen Reim in Johann Hübners Reimregister vergebens suchen würde.

VIERZEHNTER GESANG.

1.

Kaum hatte der dienstbare Zwerg das Tisch-
          tuch weggenommen,
So hieſs Herr Antiscladon
Zu seinem Griechischen Wein den schönen Rit-
          ter willkommen.
Sein geistiges Öhl erhitzte beiden schon
Die Fantasie, als jener, nach seinem Verspre-
          chen,
Wie folget, begann zu seinem Gaste zu spre-
          chen:
„Man muſs gestehen, Herr Ritter, wenn anders
          zwischen Recht
Und Unrecht ein Unterschied ist, so hat das
          schöne Geschlecht
Viel Grund, sich über unser Betragen
In Absicht seiner zu beklagen.

2.

Gesetzt auch alles sey wahr, im Wortverstande
wahr,
Was, seit Erschaffung der Welt, die Zunft der
Misogynen, 1)
Die Juvenalen, die Popen und Krebillio-
nen ihnen
Zum Unglimpf nachgesagt; so ist doch offen-
bar,
Daß alle Gebrechen, die wir so scharf an ihnen
rügen,
Uns Männern ganz allein, nur uns zu Schulden
liegen.
Unedel haben wir ein Vorrecht ausgeübt,
Das nicht des Geistes, das nur der Knochen
Stärke uns giebt,
Und aus dem schönsten und besten von allen
Geschöpfen, dem Weibe,
Bloß eine Puppe gemacht zu unserm Zeitver-
treibe.

3.

Allein auch hier entdeckt sich die ganze Bisar-
rerie
Von unserm Betragen. Tyrannisch machen wir
sie,
Anstatt zum Gegenstand, zum Opfer von
unserm Vergnügen;

Und wenn wir alles gethan, die Macht zum Widerstehn
Den armen Seelen zu nehmen, die, während wir weinen und flehn
Und, schmeichelnden Hündchen gleich, zu ihren Füfsen uns schmiegen,
Sich keines solchen Streichs versehn,
Uns glücklich zu machen glauben, und wirklich unser Vergnügen
Mehr als ihr eignes geniefsen: dann heben wir unsern Kamm,
Und prahlen mit Siegen, wie über das harmlose Lamm

4.

Der Wolf erhält. Wir adeln an uns zum Verdienste
Was sie entehrt! wir bieten die ganze Macht
Von Amors Sofistik auf, und brauchen tausend Künste
Den Genius einzuschläfern, der ihre Unschuld bewacht,
In süfse Gefühle und unbekanntes Entzücken
Die holden Seelen zu schmelzen, die, unerfahren in Tücken
Und, gleich unfähig zum Trug und zum Verdacht,
Durch ihre Unschuld selbst im Netze sich verstricken;

Und wenn dann endlich in einer verführerisch
    schönen Nacht,
Ein Augenblick, da die Vernunft die Sinnen zu
    schläfrig bewacht,

5.

Der Augenblick, dem wir so lange mit Schmerzen
Entgegen geschn, der uns so manchen falschen
    Schwur,
So manche Thräne gekostet — ein Augenblick,
    wo die Natur
Sich mit der Liebe verschwört, die nichts
    besorgenden Herzen
Uns in die Hände zu spielen — sie endlich
    überschleicht:
Dann sind wir noch ruchlos genug der armen
    Betrognen zu lachen,
Die Qual betrogen zu seyn durch Hohn noch
    anzufachen,
Und unsern unrühmlichen Sieg dem ganzen
    Erdenkreis
Mit lautem Krähen kund zu machen." —
Dank sey dem Himmel, daſs ich hierin mich
    schuldlos weiſs!

6.

Fällt Amadis ihm ins Wort: Ich bin nicht
    unerfahren,
Setzt er erröthend hinzu, allein ich muſs
    gestehn,

Daſs, wo ich mit zärtlichen Damen mich je
 verwickelt gesehn,
Sie die Verführerinnen waren. —
„Ich wünschte (versetzt mit einem Tragödienton,
Der ziemlich komisch klang, Herr Antiseia-
 don)
Von meiner Wenigkeit ein Gleiches rühmen zu
 können.
Indessen sind doch die Schönen, (wie herzlich
 gern ich sie auch
Vertheidigen möchte, nach Ritter-Pflicht und
 Gebrauch)
Auf jeden Fall sehr unvorsichtig zu nennen.

7.

Pflegt, was sich nicht läugnen läſst, das Manns-
 volk ohne Schonen
Der weiblichen Güte mit Undank zu lohnen,
Wie jedes Mädchen unzählige Mahl
Von Mutter und Tanten hört: wer heiſst die
 guten Kinder,
Durch tausend Exempel gewarnt, von ihren
 Verehrern gelinder
Als von den übrigen denken? — Doch alle
 diese Moral
Ist gar zu abgenützt dabey uns aufzuhalten!
Wir machen's just wie unsre lieben Alten,
Und trösten uns damit, daſs unsre junge Welt,
Dem Ansehn nach, nicht weit vom Stamme
 fällt.

8.

Sie also auf meine Geschichte nicht länger warten zu lassen,
So wissen Sie denn, mein Herr, daſs eine groſse Stadt
Im Celtenlande, von ihren schmutzigen Gassen
Die kothige zubenannt, mich jung gesehen hat.
In meinem Lande sieht ein Knabe von sechzehn Jahren,
Von leidlicher Bildung und langen blonden Haaren,
Das ganze schöne Geschlecht für gute Beute an.
Es wimmelt Hof und Stadt von solchen Gynäkofagen, ²)
Die ihren kleinen Eroberungsplan
Für jedes beliebige Herz stets in der Tasche tragen.

9.

Von diesen Gecken nun, Herr Ritter, war auch ich.
Man unterschied mich bald, und meinen Nahmen zu melden
Ersparte mir halben Weg: der Ruhm that mehr für mich
Als ich verdiente; kurz, ich galt für einen Helden.

Zum Unglück oder Glück für meinen besagten
 Ruhm,
Gab mir ein Zufall ein, mein neues Helden-
 thum
An einer Fee zu bewähren,
Die über dem hohen Geschäfte, den Geist sich
 aufzuklären,
Nicht merkte, daſs ihr, trotz seinem hohen
 Flug,
In laeva parte mamillae so gut wie
 andern was schlug. 3)

10.

Nichts däuchte ihr Anfangs schwerer zu fassen,
Als dieser innerliche Zug
Zu meiner kleinen Person, den sie mich sehen
 zu lassen
Aus Unschuld kein Bedenken trug.
Wir suchten den Urgrund davon — im Lande
 der Ideen
Und in dem ursprünglichen Stande, worin, ich
 weiſs nicht wo,
Wir uns vor unsrer Geburt zum ersten Mahle
 gesehen. 4)
Sie lächeln der Grille? Allein, die Fee dachte
 nun so,
Und hätte sie diese Grille im Plato nicht
 gefunden,
Ich bin gewiſs, sie hätte sie selbst erfunden.

11.

Von allen menschlichen Dingen schien ihr
Das geistigste — Liebe zu seyn, just das was
   Menschen und Thier
Am meisten unterscheide, und einer höhern
   Sfäre
Uns näher rücke. Denn daſs, was ihr so schön
Und geistig däuchte, die *vis centripeta*
   wäre,
Woraus, wie Büffon meint, sich jedes
   Fänomen
Der Liebe ganz ungezwungen und von sich
   selbst erkläre,
Das wollte die gute Frau sich nimmermehr
   gestehn.
Dieſs war nun eine von ihren Figenheiten,
Und über diesen Punkt war nicht mit ihr zu
   streiten.

12.

Indessen fand sie sich doch in manchen Stunden
   und Tagen,
Sie wuſste selbst nicht von was, noch wie,
   noch wo, gerührt,
Und — kurz, es zeigte sich endlich, die reine
   Wahrheit zu sagen,
Daſs Büffon Recht behielt. Dieſs hatte sie
   kaum verspürt,
Da, Herr, da hätten Sie ihre Klagen

Selbst hören, selbst sehen sollen wie sich die
    Frau geziert!
Von ihrem System den Fall zu überleben!
Sie schwor das könne sie nicht, und wirklich
    fing ich an
Für ihr Gehirn in Sorgen zu schweben.
Und gleichwohl that sie, was andre in ihrer
    Lage gethan:

13.

Sie lebte so stark wie zuvor. Doch, eh' ich
    entlassen zu werden
Die Ehre hatte, verehrte die gute Dame mir
Dieß seltne Kabinetsstück hier
In meinem Busen, ein Stück das auf der wei-
    ten Erden
Nie seines gleichen gehabt; erklärte mir davon
Die Eigenschaften, und sprach: Hier, Anti-
    seladon,
Empfangen Sie diesen Fächer, und wollen Sie
    meine Rache
Nicht eben so streng erfahren als zärtlich ich
    Sie geliebt,
So schwören Sie mir — an sich die leichteste
    Sache,
Doch ohne welche mein Herz sich nie zufrieden
    giebt —

14.

So schwören Sie mir, nicht eher aufzuhören,
Bis jedes leere Feld, das dieser Fächer führt,
Mit seinem gehörigen Bildniß geziert,
Sie bis zum Anschaun überführt,
Daß alle von meinem Geschlecht in eben den
    Orden gehören,
Worin Sie mich iniziiert.
Was konnt' ich machen, Herr Bruder? — Sie
    hätten so gut geschworen
Als ich: denn that ich's nicht, so waren meine
    Ohren
Das wenigste sicherlich, was ich dabey ge-
    wagt.
Und nun, mein Herr, nachdem ich Ihnen
    gesagt,

15.

Daß hundert Felder — Sie können sie zählen —
Auf meinem Fächer sind, wie viele, meinen
    Sie, fehlen?
Ein einziges noch, ein einziges Bildchen
    fehlt,
So sind es hundert, wohl gezählt!" —
Ist's möglich? rief Herr Amadis, neun und
    neunzig?
Und diese, wie es scheint, in ziemlich kurzer
    Zeit!
So bleibt gewiß das hunderte Feld nicht einzig

In seiner Art. — „Ich hoff' es soll nicht weit
Von seiner Bestimmung seyn, versetzt der
    Ritter vom Fächer:
Gut, fährt er fort, indem er beide Becher

16.

Mit Weine füllt, Herr Ritter, stofsen Sie an!
Es leben die neun und neunzig!" — Sie leben,
    ruft mit Lachen
Der schöne Amadis mit, weil ich's nicht hindern kann,
Wiewohl sie ihrem Geschlecht sehr wenig Ehre
    machen!
Indessen wünscht' ich doch, wofern es thulich ist,
Diefs Wunder von einem Fächer mit eigenen
    Augen zu sehen. —
„Von Herzen gerne, versetzt der Antiplatonist,
Doch ohne Gefährde der sämmtlichen Damen
    und Feen,
Von welchen die Ehre dabey ein wenig betroffen ist!
Hier, Ritter, nehmen Sie hin." — Bey Skogula und Mist, 5)

17.

Ruft Amadis, wie er davon die zarten Flügel
    entfaltet,
Was zärtlicher Schönen! und alle so vielfach
    schön gestaltet!

„Ich sehe, versetzt der andre, ein zierlicher
 Nachthabit
Kann auch an Bildern das Urtheil ein wenig
 fälschen.
Indeſs gesteh' ich zu, die meisten gehen noch
 mit.
Sie finden wenigstens von Germanischen, Brit-
 tischen, Wälschen
Und Maurischen Damen, aus jedem Welttrefier,
Von jedem Maſs und Wuchs, von braunen,
 blonden und rothen,
So gut sie auf meinen Reisen das Glück mir
 angeboten,
Die echten Originale in diesem *Souvenir*."

18.

Sie sind ein glücklicher Prinz! Das nenn' ich
 begabt von Feien!
Ruft Amadis aus, — und doch (Sie müssen
 mir verzeihen)
Begreif' ich nicht, wie man, wie Sie, nur
 kommt und sieht und siegt. —
„Ich denke, erwiedert sein Freund, was uns
 am meisten betrügt
Ist, daſs wir dem weiblichen Geist zu viele
 Gründlichkeit leihen,
Und daſs, wenn's uns miſslingt, die Schuld
 an uns selber oft liegt.
Zwar läugne ich nicht, daſs manche schöne
 Kinder

Ihr Ebenbild auf dem Fächer mir ziemlich sauer
    gemacht;
Doch (unter uns) die meisten ergaben sich ge-
    schwinder,
Als ich, und als sie selbst gedacht.

19.

Bey solchen Erobrungen kommt (wie bey der
    Hanniballen
Und Cäsarn) freylich sehr viel auf einen guten
    Plan,
Viel auf die Kunst dem Feind in die Flanke zu
    fallen,
Kurz, viel auf die Klugheit, doch mehr auf den
    Augenblick an.
Von diesem sogleich Gebrauch zu machen
    wissen,
Diefs nenn' ich den Gipfel der echten Erobe-
    rungskunst.
So war's, zum Beyspiel, blofs die unverhoffte
    Gunst
Des Zufalls, was mir die Ehre verschaffte, Sa-
    charissen
An ihrem Geliebten zu rächen, von dem sie
    verrathen sich hielt;
Ein Stündchen später, so hatte ihr Blut sich
    abgekühlt.

20.

Hier, Ritter, sehen Sie her! Wer sollte dieser Spröden,
Mit dieser Vestalenmiene, mit diesem abschrekkenden Blick,
Was Menschliches anzusinnen sich nur im Traum entblöden?
Daſs ich es wagen durfte, war freylich bloſses Glück.
Sie konnte doch billig hoffen in ihrem Kabinetto
Vor Zeugen sicher zu seyn? Wie hätte sie jemahls davon
Sich träumen lassen, auf ihrem Ruhebette
Mit ihrem Ovid in der Hand, auf einen Endymion
Von Tizian mit ausdrucksvollen Geberden
Die schmachtenden Augen gesenkt, von mir erwischt zu werden?

21.

Dem Zufall ganz allein und ihrer Iris war
Im Grund das Unglück beyzumessen;
Auch bin ich überzeugt, daſs von der ganzen Schaar
Aufs mindste ein Drittel sich bloſs zufälliger Weise vergessen.
Der Einfluſs der äuſsern Dinge ist wirklich wunderbar.
Im Rosenmond und in den schwühlen Tagen [6])

Wenn Sirius wüthet, befand ich manche zu
schwach
Gefälligkeiten zu versagen,
Die vierzehn Tage zuvor und hernach
Sich stark genug fühlte, sie selbst dem Herkules abzuschlagen.

22.

Indessen glauben Sie mir, mein trauter Amadis,
Um einen Platz mit Vortheil zu berennen,
Hängt alles davon ab, das Innre wohl zu
kennen.
Vom Zufall bleibt der Erfolg doch immer
ungewiß.
Allein die schwache Seite von einem Karakter
studieren,
Dieß nenn' ich das wahre Geheimniß, ihn wie
ihr wollt zu führen.
Vor jedem neuen Gegenstand
Ein andrer Mann! Ein Momus bey galligen
Spröden,
Bey Zärtlichen lauter Gefühl, voll stiller Zucht
bey Blöden,
Bey Ernsten ein Sittenlehrer, bey Muntern lauter Tand,

23.

Kurz, bey Europen ein Stier, ein sanfter
Schwan bey Leden,
Bey Schwachen ein kleiner Sakripant,

Ganz Ohr bey den zehenten Musen die
    lauter Orakel reden, 7)
Ein Schwärmer bey Schwärmerinnen, und bey
    Koketten galant,
Diess war mein Talisman. In meinen Knaben-
    jahren
Lernt' ich's im Nepos schon dem Alcibia-
    des ab,
Und bin, seitdem ich die Welt in ritterlichem
    Trab
Durchziehe, wie Sie sehn, sehr wohl dabey
    gefahren.
Sie können nicht glauben, mein Herr, wie
    weit
Die einzige Regel uns bringt: gefällig zu
    rechter Zeit.

24.

Ich gebe sie Ihnen in allen andern Sachen
Für einen *Passepartout:* allein inson-
    derheit
Sein Glück bey Damen und durch die Damen
    zu machen,
Ist nichts von solcher Wirksamkeit.
Ein Kinderspiel thut öfters Wunderdinge.
Bey Flavien setzte mich ein seltner Wurm
    in Gunst,
Aus welchem die Kennerin sich den schönsten
    der Schmetterlinge

VIERZEHNTER GESANG.

Für ihre Sammlung erzog; bey andern die edle Kunst
Ihr Bild aus Papier zu schneiden, zu stricken, zu brodieren,
Ihr Papchen schwatzen zu lehren, Dianchen zu karessieren,

25.

Und zwanzig andere Künste von dieser Wichtigkeit,
Worin ich die Ehre hatte, in meiner schönen Zeit
Für einen grofsen Mann zu passieren,
Und manche Tugend dadurch ein wenig irre zu führen.
Indefs ist alles, was ich damit gewann,
Ein ekler Geschmack, den nichts mehr reitzen kann.
Schon Jahre lang durchstreif' ich Thäler und Berge,
Und überlasse den Rest der schönen Welt
Gelegenheitlich — meinem Zwerge,
Der, wie Sie ihn sehn, für keinen geringen Wicht sich hält.

26.

Er rühmt sich wenigstens laut, mit seinen kleinen Gaben
(Wiewohl er eben kein Adon
Zu seyn gesteht) doch manchen Königssohn

Bey mancher Venus schon dethronisiert zu
  haben." —
Allein das **hunderte Feld?** fällt unser Rit-
  ter ein,
Das werden Sie doch vermuthlich nicht allein
Brach liegen lassen wollen? — „Dafern ich's
  wollt' (erwiedert
Der blaue Ritter) so bindet mich mein Schwur;
Und etwas, das ich seit kurzem von einem
  Fremden erfuhr,
Hat meinen Eroberungsgeist von neuem ein
  wenig befiedert.

27.

Ein blasser milchichter Ritter, ich weiſs nicht
  wie genannt,
Ein wahrer Seladon, machte mir eine Dame
  bekannt,
Die, wie er sagt, in diesen Wäldern irret.
Er bete, sagt er, die Wilde schon sieben Som-
  mer an;
Er habe, sie zu erweichen, sein möglichstes
  gethan,
Geduldet, geseufzt, geweint, gegirret,
Und nichts vermocht: so daſs, nachdem ihm
  nun
Die Lust vergangen sey ihr länger nachzujagen,
Er fest beschlossen habe, sich ihrer abzuthun,
Und sich der ersten, die ihm begegne, anzu-
  tragen.

VIERZEHNTER GESANG.

28.

Die Dame, so schwor der arme Dulder mir,
Sey schöner als Juno, allein kein Lybisches
 Thier
Sey halb so grausam. Vermuthlich lag der
 Fehler
An seiner Methode. Wie dem auch seyn mag,
 ich bin
Entschlossen, das hunderte Feld und meine Sie-
 gesmähler
Mit dieser Menschenfresserin
Vollzählig zu machen." — Viel Glück zum
 Unternehmen!
Vermuthlich wird der Erfolg die Erwartung
 nicht beschämen,
Spricht unser Held: indefs gesteh' ich unver-
 blümt,
Ich wünschte meinen Freund durch edlere Siege
 berühmt.

29.

Unmöglich kann ich mein Herz mit dem Gedan-
 ken versöhnen,
Ein sanftes Geschöpf, dem gegen den Über-
 muth
Des stärkern Geschlechts die Natur nur zärtliche
 Blicke und Thränen
Zu Waffen verlieh, zu mifshandeln mit kaltem
 Blut,

Und, wenn sie zuletzt das Opfer von unsern
 Künsten geworden,
Mit grausamer Hand noch ihre Ehre zu
 morden;
Dazu, ich sag' es frey, find'ich kein Herz in mir:
Ich kann im Nothfall Tiegern und Löwen,
Hyänen und Amfisbänen ins Weiſse im Auge
 sehen,
Dieſs kann ich nicht! und bin mir selber hold
 dafür. —

30.

„Herr Bruder, erwiedert der Ritter in blauen
 Waffen,
Wiewohl die Natur mein Herz aus spröderm
 Thon erschaffen,
So sag' ich, und sagt' es voraus, Sie haben völ-
 lig Recht!
Im übrigen seh' ich doch nicht, warum wir dem
 schönen Geschlecht
Mit Tugenden, die es nicht hat noch suchet,
 schmeicheln wollten,
Und was die Schönen und wir dabey gewinnen
 sollten?
Ich hasse den Bösewicht auch, so gut ein Bie-
 dermann
Ihn immer hassen soll und kann,
Der durch Betrug und niederträchtige Ränke
In schuldlose Herzen sich schleicht: doch, daſs
 ich's Dem verdenke,

Vierzehnter Gesang.

31.

Der, wenn, zum Exempel, der Feind die Festung schlecht bewacht,
Sie mit Vertheidigungs-Mitteln gehörig zu versehen
Versäumt, die Aufsenwerke und nahe gelegnen Höhen,
Entblöfst und übel besetzt, recht wie mit Vorbedacht
Uns Preis giebt, kurz sich schlecht und lässig vertheidigt,
Wer, sag' ich, in solchem Falle die Schwäche des Feindes benützt,
Folgt einer Maxime, die sich aufs erste Kriegsgesetz stützt." —
Ihr Gleichnifs, Herr Ritter, und Ihre Maxime beleidigt
Ein zärtliches Ohr, erwiedert unser Mann:
Ich möchte wohl wissen, was uns berechtigen kann

32.

Das weibliche Herz für eine Festung zu halten,
Die wir erobern müssen? — „Ich finde bey Neuern und Alten
(Spricht jener) zu allen Zeiten und in der ganzen Welt
Durch dieses Bild die Sache vorgestellt;

Und glauben Sie mir, es stände nur schlimmer
um die Sitten
Wofern es anders wäre. Es geht uns wie den
Britten,
Bey denen die Grundverfassung sich nur durch
Zwietracht erhält.
Doch, wenn es Ihnen noch weiter mit mir zu
reisen gefällt,
So wird es Zeit seyn aufzubrechen;
Wir können uns unterwegs noch länger hievon
besprechen."

―――――

VIERZEHNTER GESANG.

Anmerkungen.

1) **die Zunft der Misogynen u. s. w.**

Wie verschieden auch in dem hier genannten Kleeblatte von Misogynen, oder Weiberfeinden, jeder von den zwey andern ist, so haben doch alle drey diesen häßlichen Nahmen nur zu sehr verdient; der letzte besonders (ob er schon in einem gewissen Sinn ein grosser Liebhaber und *Expertus in arte* gewesen seyn mochte) ist im Grunde grausamer mit den Weibern umgegangen als irgend ein andrer decenter Schriftsteller.

2) **Gynäkofagen,**

ein Seitenwort zu Antropofagen (man spreche in beiden das g nicht nach Französischer Art wie *sch*, sondern wie unser Deutsches g aus) wovon das letztere Menschenfresser, so wie das erstere Weiberfresser bezeichnet.

3) *In laeva parte mamillae.*

Dieses Bißchen Latein wollen wir unsern jungen Herren, zu einer kleinen Übung, ihren Freundinnen zu dollmetschen überlassen. Es ist ein halber Vers aus dem Juvenal — *laeva in parte mamillae nil salit arcadico juveni* —

4) *Worin — wir vor unsrer Geburt u. s. w.*
Wer einige Erläuterung dieser Stelle bedarf, den müssen wir auf das erste Stück der Sympathien unsers Autors, auf eine gewisse Choriambische Ode im vierten Bande der Bremischen Beyträge, und auf den Traum der Thamar in Bodmers Noachide — einem Gedichte, welches keineswegs im Lethe unterzusinken verdient, — verweisen. Im *Voyage de Zulma au Païs des Idées* würde man vergebens Licht über das, was in diesen Versen dunkel ist, suchen.

5) *Bey Skogula und Mist —*
Göttinnen der alten nordischen Dichter.

6) *Im Rosenmond und in den schwühlen Tagen u. s. w.*
Dieß bezieht sich auf eine Anekdote von einer Französischen Dame des vorigen Jahrhunderts, welche unter vertrauten Freunden bekannt haben soll, der May sey der einzige Monat im Jahre, worin sie nicht für ihre Tugend stehen wollte, wenn sie das Unglück hätte auf die Probe gesetzt zu werden. Wir erinnern uns diese Anekdote gelesen zu haben, aber nicht wo.

7) *Ganz Ohr bey den zehenten Musen —*
Der Titel der zehenten Muse war ohne Zweifel unendlich schmeichelhaft für die Dichterin Korinna, oder welche andere es war, die zuerst damit dekoriert wurde; war es vermuthlich auch damahls noch,

da ein Griechischer Blumendichter seinem Mädchen zu Ehren versicherte, es gebe vier Grazien, zehn Musen und zwey Afroditen. Aber seitdem diese Schmeicheley so häufig verschwendet worden ist, daß man nur allein mit allen zehenten Musen den ganzen Helikon bedecken könnte, scheint diese Benennung zu keinem andern Gebrauche mehr zu taugen, als zu dem Ironischen, der in diesem Verse von ihr gemacht wird.

FUNFZEHNTER GESANG.

1.

Die Ritter trabeten noch nicht eine Meile lang,
Und schwatzten von tausend Dingen, womit wir, aus guten Gründen,
Den Lauf der Geschichte zu hemmen für jetzt nicht nöthig finden,
Als unvermerkt ein sanft absteigender Hang
Sie aus dem Wald in eine Gegend brachte,
Wo Antiseladon auf einmahl Halte machte.
Es war das lieblichste Thal, das sich ein Musensohn
Zum Aufenthalt erwählen könnte,
Wenn ihm ein günstiger Stern die freye Wahl vergönnte.
„Da sind wir! rief Herr Antiseladon.

2.

Hier ist der Ort, den mir der Ritter nannte,
Das reitzende Thal, woraus verliebte Verzweif-
 lung ihn baunte;
Hier ist der kleine sich schlängelnde Flufs
Der zwischen Rosen irrt; dort in des Wäld-
 chens Mitte
Der kleine Tempel; dort, hinter den Pappeln,
 die Hütte:
Es kann nicht fehlen, in dieser Gegend mufs
Die neue Diane sich uns mit ihren Nymfen
 enthüllen."
Von welcher reden Sie? — fragt unser Pa-
 ladin.
„Von eben dieser, mit welcher ich fest entschlos-
 sen bin
Des Fächers letztes Feld zu füllen.

3.

Sie müssen wissen, die Dame, die etwas gril-
 lenhaft scheint,
Verlor sich (sagte mir ihr abgedankter Freund)
Von ihren Schwestern, die schon seit einigen
 Jahren
Durch Berg und Thal auf Abenteuer fahren.
Besagter Seladon, so bald er den Unfall erfuhr,
Macht, wie natürlich, sich auf die Beine, die
 Spur

Der Dame, die er liebt, in diesem Gebirge zu
 suchen;
Er sucht in jeder Kluft, in jedem hohlen
 Baum,
Und findet sie endlich bey diesen jungen
 Buchen,
In einem Kostum, wie ihm kein Fiebertraum

4.

Sie närrischer zeigen könnte. Sie war in eine
 Diane,
Und ihr Gefolg' in Nymfen und Faunen über-
 setzt;
Nicht etwa in eine moderne Diane,
Die, aufser Köcher und Pfeil und einem Mond
 von Lahne
Am Stirnband, in allem andern das alte Kostum
 verletzt;
In eine Dian' *à la Grecque*, mit blofsen Armen
 und Beinen,
Just wie sie auf geschnittnen Steinen
Das prüfende Auge der Kenner ergetzt.
Die Mode setzt Knöchel voraus, wie Homer an
 Thetis sie preiset,
Daher auch nicht jede Göttin uns gern die Knö-
 chel weiset."

5.

So sprach der Ritter vom Fächer. Doch,
 um den Leser nicht
In dunkeln Vermuthungen irren zu lassen,
Erstatten wir ihm, ganz kurz, umständlichern
 Bericht,
Von dem, was Leoparden (von welcher der
 Ritter spricht)
Begegnete, seit wir sie im vierten Gesange ver-
 lassen.
Das schöne goldene Schloſs, das ihr so nahe
 schien,
Das nehmliche Schloſs, worin wir unsern Pa-
 ladin
Mit drey von Bambo's Töchtern zu sehn die
 Ehre hatten,
Schien leider! je stärker sie lief, je weiter vor
 ihr zu fliehn,
Und tauchte sich immer in grauere Schatten.

6.

Als endlich die dunkelste Nacht ihr alle Hoffnung
 entriſs,
So wuſste sie anders sich nicht mit ihren Nymfen zu retten,
Als eine Art von ziemlich luftigen Betten
Aus dürrem Laube zu machen, wie einst der
 schlaue Ulyſs.

Wie gut sie geschlafen habe, dieſs (sagen die
 Annalisten)
Sey etwas, worüber sie uns, wiewohl sie ihr
 Bestes gethan
Um auf den Grund zu kommen, im Zweifel
 lassen müſsten.
Wohl oder übel, genug der Morgen brach
 heran:
Die schwarzen Hämmlinge muſsten den höch-
 sten Gipfel besteigen,
Allein, da wollte kein goldnes Schloſs sich
 zeigen;

7.

Auf viele Meilen ringsum auch nicht ein strö-
 hernes Dach.
Bey dieser Nachricht drang ein allgemeines Ach
Aus jedem Busen. Sie hätten, so züchtig sie
 waren,
Von zwanzig australischen Riesen den Anzug
 lieber erfahren.
Zum Unglück war der Morgen ziemlich kühl;
Die armen Kinder! Sie schmiegten, einander
 anzuflammen,
Mit Armen und Beinen verschränkt, wie Bie-
 nen, sich zusammen.
Ein Hondon hätte aus ihrem Gewühl
Sich schöne Gruppen sammeln können.
Allein auch dieser Trost, wär's ja ein Trost zu
 nennen,

8.

Beförderinnen der Kunst auf ihre Kosten zu
 seyn,
War ihnen versagt. Zuletzt fiel Leoparden
 ein,
Es könnten die Schwarzen, die ihr Gefolge ver-
 mehren,
Der Westen und Schürzen im Nothfall wohl
 entbehren,
Womit sie, nicht sowohl aus Wohlstand als
 zum Staat,
Bekleidet waren. Der ganze weibliche Rath
Klatscht diesem Einfall zu; man fand ihn klug
 und billig,
Und kurz die Mohren mufsten, unwillig oder
 willig,
Zu Gunsten der Dame und ihrer Najaden
Sich ihrer gestreiften Westen und runden Schür-
 zen entladen.

9.

Die Nymfen putzten damit sich in die Wette
 heraus,
Und schmeichelten sich, sie sähen wie echte
 Oreaden
In ihrem neuen Anzug aus;
Denn bey den meisten bedeckten die Schürzen
 kaum die Waden.

Sie liefsen, um dem Kostum getreu zu seyn, ohne Band
Ihr langes Haar die weifsen Schultern umliegen,
Und schnitten, die Arme blofs zu kriegen,
Die Ärmel der Westen weg. Selbst Leoparde empfand
Ein königstöchterliches Vergnügen,
Als sie, des ganzen Kopfs länger, in ihrer Mitte stand,

10.

Wie einer Diane geziemt. Die neuen Oreaden
Durchstreiften itzt Berg und Thal in ihrer Karnevallstracht,
Bis endlich, beym stillen Lichte der schönsten Sommernacht,
In vorbesagtem Thale, versteckt von den Rosengestaden
Des kleinen Flusses, der arme Trebisond
Die Göttin und ihre Nymfen im Baden,
Mit wenig Drapperie beladen,
Zufälliger Weise beschlich. Zum Unglück schien der Mond
In vollem Glanz. Er glaubte sich sicher vor ihren Blicken;
Doch ihn verrieth zuletzt sein allzu lautes Entzücken.

FUNFZEHNTER GESANG.

11.

Der neue Aktäon wird gehört, gesucht, gefunden,
Und von der Nymfenschaar (der's nicht an Herz gebricht
An Einen Mann sich zu wagen) mit Efeukränzen gebunden,
Ins helle jungfräuliche Mondenlicht
Dianen vorgeführt. Sie zürnte fast zum Rasen,
Daſs der Vermeſsne, der mit profanem Gesicht
In ihren Reitzen gewühlt, noch Odem in seiner Nasen
Behalten sollte; und wenn sie den armen Wicht
In keinen Rehbock oder Hasen
Verwandelte, lag's gewiſs an ihrem Willen nicht.

12.

Auf seinen Knieen und ohne die Augen aufzuheben,
Beschwor sie, mit heiſsen Thränen, laut schluchzend, Blömurant,
Ihm lieber den Tod mit Einem Blicke zu geben
Als ihn zu verbannen. Umsonst! Er soll zur Strafe leben!

Soll leben, soll, auf ewig aus ihren Augen
 verbannt,
Zu seiner Qual ihr Bildniſs mit sich tragen,
Und (wenn er will) sein Leid den stummen
 Felsen klagen.
Denn, sollt' er kühn genug seyn und nur dem
 Wiederhall sagen
Was er gesehn, so ist ein jäher Tod
Das kleinste, womit ihn die Göttin bedroht.

13.

Wie könnte die Stolze nur den Gedanken
 ertragen,
Daſs einer im Stande seyn sollte, gerichtlich
 zu schwören — sie sey
Ein Weib? — Wie grillenhaft! wird manche
 Leserin sagen:
Indessen kennen wir zwey bis drey,
Und zweifeln nicht, zählte man recht, daſs ih-
 rer noch etliche wären,
Die sich in diesem Punkt für Leoparden
 erklären.
Dieſs also, geneigter Leser, ging
Voran, eh' sich der Ritter vom Fächer,
Des ganzen Männerstamms selbst aufgeworfner
 Rächer,
Des Mädchens Übermuth zu züchtigen un-
 terfing.

FUNFZEHNTER GESANG.

14.

Die Ritter, seit wir von ihnen auf kurze Zeit
 Abschied genommen,
Sind nun dem Lager der Göttin so nahe
 gekommen,
Daſs Antiseladon bereits das Urtheil fällt,
Es lohne sich wirklich der Mühe nach ihrem
 Bilde zu streben.
Er sah sie, bedeckt von einem grünen Gezelt,
Auf einem Blumenthron, von ihren Nymfen
 umgeben,
Und ihr zu Füſsen lag auf seinem rechten
 Knie
Ein mächtiger Ritter. Es schien, als höre sie
Das was er ihr sagte, wo nicht mit günstigen
 Mienen,
Doch auch mit solchen nicht an, die ihn zu
 schrecken schienen.

15.

Der Mann, den keiner noch kannte, war weder
 minder noch mehr
Als Boreas! — Und wie kommt der auf
 einmahl hieher?
Fragt ihr — Nachdem er den Park des Negers
 verlassen,
Und endlich dem schönen Ritter vergebens auf-
 zupassen

Ermüdete, ward er vom Zufall (der, im Vor-
    beygehn gesagt,
Die kleine und große Welt, so übel nicht,
    regieret,) ¹)
Auf Leopardens Spur geführet.
Er fand die Göttin auf der Jagd —
Der Jagd? ruft hier ein Verserichter:
Ein Unterhändler, ein Lügner und ein Dichter

16.

Soll nicht vergeßlich seyn! Wo nahm sie denn
    den Speer,
Der einer Diane gebührt, und Bogen und Kö-
    cher her? —
Herr Kritikaster, man jagt verschiedene Dinge,
Ihr Schnitzer, Fliegen Schach-Baham und
    Kaiser Domizian,
Frau Leoparde — Schmetterlinge.
Doch, was bekümmert uns dieß? Genug, der
    Kaliban ²)
Fand sie, und fand an ihr, so wie er sie
    erblickte,
Was sich für sein Bedürfniß schickte.
Die Dirne, denkt er, steht mir an;
Zwar scheint sie wild, doch hab' ich schon wil-
    dere eingethan.

17.

Lang von Gesicht, der Juno Wuchs und Busen,
Der Pallas Augen, grofs und grau,
Der Blick und die Miene von Venus und von
  Medusen
Zu gleichen Theilen entlehnt, wiewohl nicht so
  genau
Dafs, wenn sie sich vergafs, nicht die Meduse
  zuweilen
Die Venus verschlungen hätte; ein Amazonen-
  schritt,
Und, kurz, das Ganze mit allen seinen Theilen
Schien ihm gemacht, die Wunde zuzuheilen,
Womit Mifs Schatulliöse sein tapfres Herz
  durchschnitt.
Um diesen Preis thäte wohl selbst Herr Ro-
  land einen Ritt!

18.

Auch Leoparde, wiewohl bey seinem Anblick zu schlagen
Ihr Herz verschmäht, empfindet ich weifs nicht
  welchen Hang
Ihn besser als Blömuranten, den Seufzer, zu
  ertragen.
Die Sympathie geht immer ihren Gang.
Sie fand an Tapfern stets vorzügliches Wohlbe-
  hagen,

So wie die Trompete ihr besser als sanfte Flöten
klang.
Auch hatte der Ritter das Glück den Nymfen ein-
zuleuchten:
Sie warfen vor ihrer Göttin in halbem Kreise
sich hin,
Und standen nicht auf, bis sie den Eigensinn
Der Stolzen zu seinem Vortheil erweichten;

19.

In so fern wenigstens, daſs sie sich ihn
Zu ihrem Beschützer, so lange sich ihre Schwes-
tern nicht fänden,
Gefallen lieſs. Man konnte die Sache nicht bes-
ser wenden.
Mit einer schönen Prinzessin herum im Lande
ziehn,
War in den Zeiten der irrenden Ritter
Nicht was es heut zu Tag' ist. Die Nonne hin-
term Gitter
Ist sichrer nicht, als damahls auf freyem Felde,
ja gar
In stillen Gebüschen und dunkeln Felsenschlün-
den,
Die schöne Angelika selbst bey ihren Beschüt-
zern war;
Wiewohl wir von Amors Schlichen auch
damahls Proben finden.

20.

So standen die Sachen, als Antiseladon
Und unser Held mit aufgezognen Visieren,
Die Spere gefällt, sich Leopardens Thron
Mit Ehrfurcht nähern, sodann behende von
    ihren Thieren
Herunter glitschen, um sich und alles, was
Sie Liebes und Gutes zu ihren Diensten ver-
    mögen,
Nach Rittergebrauch der Dame zu Füſsen zu
    legen.
Allein kaum warf der rauhe Boreas
Den ersten Blick auf unsern schönen Ritter,
So zog sich um seine Stirn ein schwarzes Unge-
    witter,

21.

Sein rollend Auge funkelt Wuth,
Die Adern schwellen, es kocht sein feuriges Blut,
Die Wange glüht, erblasset, färbt sich wieder
Mit braunerm Roth, die dicke Lippe wird blau,
Und, ohne daſs der Respekt vor seiner gebie-
    tenden Frau
Ihn halten kann, wirft er vor ihr sich nieder,
Und schnaubt: „Der Knabe hier, der Ihrer
    Majestät
Sein glattes Mädchengesicht zu weisen
Gelüsten sich läſst, ist, wie er geht und steht,
Ein Schurke, und läugnet er's, traun! so will
    ich's ihm beweisen!

22.

Ein doppelter Schurke! das soll ihm mein blankes Eisen,
Gestatten Sie mir's, in seine Zähne beweisen;
Beweisen, daß er am Himmel, an seiner Rittertreu,
An allen Damen und mir ein feiger Verräther sey!"
Das lügst du, Kannibal, fällt trotzig
Ihm Antiseladon ein, und wirft den Handschuh hin.
„Wer spricht von dir? erwiedert verächtlich und protzig
Der nervige Enkel des grofsen Fakardin;
Nimm deinen Handschuh auf, und sieh, in sichrer Ruh',
Dort hinter den Mädchen, dem Spiel, das dich nichts angeht, zu."

23.

Du lügst es, sag' ich, versetzt der Ritter in blauen Waffen,
Ich wiederhol' es, du lügst! Der schöne Ritter hier,
Den du zu lästern wagst, erwiese so einem Laffen
Wie du, durch seine Rache zu grofse Ehre.
Mit mir

Hast du's zu thun; mein Arm soll Rache ihm
 verschaffen!
Die Göttin, deren Ohr dein Lästermaul ent-
 weiht,
Hat, mir dazu den Beyfall abzuschlagen,
Gewiſs zu viel Gerechtigkeit.
„Gut! schreyt der Wilde, ich seh' aus deiner
 Hastigkeit
Du hast vermuthlich mehr als Eine Haut zu
 wagen.

24.

Ich gebe noch eine Minute dir zum Bedenken
 Zeit."
Nicht länger geprahlt, ruft jener, fort, mache
 dich bereit! —
Der schöne Paladin stand während dieser Scene,
An seine Lanze gelehnt, mit einem Anstand da,
Als ging' ihn das, was um ihn her geschah,
Nicht näher an als einen der Söhne
Des Priester Johann. 3) Ein wenig stieg
 ihm das Blut
In seine Wangen, doch nur, um ihrer blühen-
 den Schöne
Mehr Reitz und die Miene zu geben von einem
 Mann von Muth.
Die Nymfen wurden ihm alle vom ersten
 Anschn gut.

25.

In jedem Blick, aus Augen ihm zugesendet
Worin Bewunderung sich mit zärtlicher Angst
vermengt,
Stralilt ein Geständniſs ihm zu, das ihm ein
Herz verpfändet.
Allein der Ritter, dem Streit ein Ende zu
machen, wendet
Sich an die Prinzessin und spricht: Von wel-
chem Dämon gedrängt
Der Ritter hier, vermuthlich des Lebens über-
drüssig,
Mich anfällt, weiſs ich nicht. Nie hab' ich ihn
gesehn.
Doch ist er ja zu sterben schlüssig,
So soll ihm, wie er will, geschehn;
Mehr Worte wären überflüssig.

26.

Mein Nahm' ist Amadis — „So süſs
Klingt meiner nicht; doch pflegen deines glei-
chen
Vor seinem bloſsen Klang schon länger zu
erbleichen
Als deine Amme den Windeln dich entließ."—
Nimm deine Lanze, Mann, und höre auf zu
prahlen!
Spricht Amadis, — und du, von deren
Strahlen

Beym ersten Blick mein Herz in heil'gem Feuer
schmolz,
Begünstige, Göttin, meinen Stolz
Nach deines Beyfalls Ehre zu ringen,
Und laſs durch einen Wink mein Unternehmen
gelingen!

27.

Mit diesem kräftigen Rittergebete
Umfaſst er seinen gewichtigen Sper,
Und schreitet, wie zum Getön der muntern
Lydischen Flöte
Ein fröhlicher Tänzer, Sieg athmend einher.
Die spröde Göttin selbst scheint ihm mit wärmern Blicken
Geheime Wünsche nachzuschicken.
Allein wie oft und schwärmerisch er nach ihr
Sich umgesehn, erröthen wir zu melden.
Zwar loben wir Gefühl an einem Helden,
Und, artig mit Damen zu seyn, ist jedes Mannes Gebühr:

28.

Allein von jedem schönen Busen
Sogleich in vollem Brande zu stehn,
Und lauter Zwitter von Charitinnen und Musen,
Von Pallas und Venus in allen Frauen zu sehn,
In Bambo's Töchtern sogar, wovon fünf nach
einander

Die Ehre gehabt sein Herz in ihrem Wirbel zu
 drehn:
Diefs würde, wir müssen's selbst gestehn,
Mit allen Thaten des grofsen Polexander 4)
Nicht gut gemacht: Bey ihm war's nun zur
 andern Natur
Geworden, und Ferafis, sein Sekretär, beschwur,

29.

Er hab' ihn, an Einem Tage, zwey Damen,
 der einen früh,
Der andern im Mondschein, mit solcher
 Ekstasie
Dafs ihm die Thränen am Backen herunter
 gefloſſen,
Beweisen gehört, dafs jede von ihnen die erste
 sey,
Die gänzlich sein Herz erfülle; und ging dann,
 wider Verhoffen,
Am nächsten Tage vielleicht, der Paroxysmus
 vorbey,
So war ihm, als ob er aus einem Fieber
 erwache:
Mit Einem Wort, in diesem Fache,
Dank seiner Schwärmerey! war unser armer
 Held
Ein Don Quichotte, so gut als einer in der
 Welt.

30.

Wie weit er mit Leoparden die tragische Liebesposse
Getrieben hätte, das bleibt dahin gestellt:
Zum Glück für ihn und uns ruft ihn die Ehre
ins Feld.
Denn Boreas tummelt sich schon auf seinem
Dänischen Rosse
In weiten Kreisen herum und strotzt nach Möglichkeit;
Ihr dächtet, Rofs und Reiter werde
Von Einer Seele belebt; sie wiehern beide nach
Streit,
Und werfen die Nüstern empor und stampfen
verächtlich die Erde.
Man sah dafs beiden des Kampfes Gefahr
Und Lanzenbrechen gewohntes Lustspiel war.

31.

Und nun, nachdem auch unser Held
Sein edles Pferd, den Enkel des schnellen
Bajardo, beschritten,
(Den, wie ihr wifst, Rinaldo von Montalban
geritten)
Und mit gelüftetem Sper an seinen Platz sich
stellt,
Nun, glaubt ihr, werden wir stracks, die Zeit
euch zu vertreiben,

Den schrecklichsten Kampf, der je gewesen, beschreiben?
Nicht ich! — aus mancherley Gründen! Für's erste, weil ich Streit
Und Fehden jeder Art, auf hundert Meilen weit,
Von ganzem Herzen, so sehr wie Sancho Pansa, hasse,
Man streite nun im Ernst, um Köpfe, oder zum Spaſse

52.

De lana caprina, mit Lanzen, mit Federn, oder auch
Mit Hasenpappeln, womit, nach neuestem Brauch,
Um sich die Köpfe nicht ohne Noth zu zwagen,
Die leichten kritischen Truppen am Musenberge sich schlagen;
Für's zweyte, weil wir von Dingen, wovon wir nichts verstehn,
(So wenig, mit ihrem Beyspiel hierin uns vorzugehn,
Sehr weise Männer Bedenken tragen)
Nicht gern Gemählde, wie jener Mahler, wagen,
Der unter seine Figuren aus kluger Vorsicht schrieb:
Dieſs ist ein Schaf, und dieſs ein Hühnerdieb!

33.

Wir könnten zwar, wo uns die Farben fehlen,
Den Ariost, und — den er selbst bestahl —
Den alten Amadis bestehlen,
Den Theuerdank, die Ritter vom heiligen
 Gral,
Den Herkuliskus, und andere dicke Bücher
Von diesem Schlage: wir wären wenigstens
 sicher
Daſs unser Plagiat dem Völkchen, das aus Pflicht
Schnell schreiben muſs und ungleich schneller
 lesen,
Verborgen bliebe, so gut als ihm verborgen
 gewesen
Wie oft Freund Lucian aus unserm Munde
 spricht.

34.

Doch, ohne die Gründe zu häufen, der erste
 und letzte von allen
Gilt tausend, und tausend dazu, denn kurz,
 wir wollen nicht,
Und lassen uns auch, wie billig, gern gefallen
Wenn mancher denkt, wir können nicht.
Wir selbst gestehn, mit Maro, ohne Röthe,
Non omnia possumus omnes. b) Doch
 kommen, zu gutem Glück,
Zwey eiserne Männer auf einer alten Tapete

In echtem Gothengeschmack, die diesen Augen-
blick
Uns gegen über hängt, dem Dichter zu Hülfe.
Sie rennen,
In voller Wuth, so schnell die Rosse laufen
können,

35.

Die Lanzen eingelegt, die Augen zugedrückt,
Auf Pferden wie Elefanten, mit stolzen Büschen
geschmückt,
Einander entgegen; es zittert unter dem Schlag
Des mächtigen Hufes der Boden, die Rosse
schnauben Flammen,
Die Ritter Tod, — und itzt — o! welche
Zunge vermag
Zu sagen, mit welcher Gewalt? itzt stofsen
sie zusammen,
Mit solcher Gewalt, dafs beiden auf Einmahl
der Tag
In Nacht erlischt, und beide, wie fest geschlossen
Ein jeder gleich in seinem Vortheil lag,
Dem Sattel entrückt, mit ihren taumelnden
Rossen

36.

Zur Erde stürzen. — Von Wort zu Wort
ist diefs
Was wir zu schildern hatten, und, Dank der
alten Tapete!

So schlecht es ist, so hätten wir's gewiſs
Nicht halb so gut gemacht. — Der schöne
Amadis,
(Für den manch stilles Stoſsgebete,
Indem der Zwerg zum Angriff blies,
Aus schönen Lippen vergebens empor gestiegen)
Lag noch in Ohnmacht da, nachdem sein Geg-
ner schon
Sich wieder aufgerafft, der itzt mit gierigen
Zügen
Der Rache Wollust trank. Doch Antiseladon

37.

Von Grimm entbrannt, den Kannibalen sieg-
prangen
Und seines Freundes *animulam blandulam* 6)
Zum Orkus flattern zu sehn — Heb', ruft er,
deinen Kamm
Noch nicht so hoch, der Preis ist nicht so
leicht zu erlangen!
Zieh, Feiger! hoffe nicht der Rache zu entgehn!
Nicht unbegleitet soll mein Freund den Acheron
sehn;
Du folgst ihm, oder ich! — „Gut! Wenn
du dein Blut zu vergeuden
So eilig bist, laſs sehn (schreyt jener) welcher
von beiden

Die Ehre haben wird, bey Pluto zur Tafel zu
  gehn;
Da, nimm! dieſs wird den Streit entscheiden!"

38.

Nicht doch, versetzt der blaue Kavalier,
Der Streich ging in die Luft, Herr Prahler!
  Meine Manier
War immer in solchen Fällen nur durch die
  Klinge zu sprechen.
Itzt folgte Hieb auf Hieb — und während die
  Herren nun
Ihr möglichstes thun einander die Hälse zu
  brechen,
Sagt, schöne Leserinnen, was soll der Dichter
  thun?
Von beiden muſs Einer sterben; dieſs läſst sich
  ohne Verletzung
Der Rittergebräuche nicht ändern; nur ist die
  Frage, wer?
Wir möchten doch, aus gebührender Schätzung
Der Damen, welche vielleicht von beiden einem
  mehr

39.

Gewogen sind als dem andern, in einer so wich-
  tigen Sache
Nicht ohne ihren Rath zu Werke gehn. Die
  Rache

Des schönen Amadis wird hier nicht in Rech-
          nung gebracht;
Er ist nicht halb so todt als wir vielleicht gedacht.
Zwar wollten wir wetten, dafs Boreas wenig
          Gönner
Noch Gönnerinnen hat: jedoch sein Widerpart,
(Wiewohl ein grofser Herzenkenner)
Ist auch nicht der Beste; und weder die Art
Von seiner Theorie, noch von den Mitteln und
          Wegen
Wodurch er sie erwarb, kann uns zur Nach-
          sicht bewegen.

40.

Wir wollen indessen *sub rosa* gestehn,
Wir haben uns Mühe gegeben, von einer
          Anzahl Schönen,
Die uns die Ehre erweisen bey unsern Ver-
          sen — zu gähnen,
In aller Stille die wahre Gesinnung auszuspähn.
Aus Einem Mund erklärten sich alle sehr gütig
Für Antiseladon. „Man sehe, sagten sie,
          leicht,
Sein Herz sey nicht so schlimm, als wie er
          selbst vielleicht
Aus falscher Eitelkeit glaube. Verwegen, über-
          müthig,
Leichtsinnig, flatterhaft, undankbar, ungerecht,
Diefs wären im Grunde vielmehr Grundzüge
          von seinem Geschlecht,

41.

Als Felder seines Karakters; man müßte der
    Welt sich begeben,
Um nicht mit Männern wie er, und mit noch
    schlimmern, zu leben;
Er sey, mit allem dem, ein Mann von feinem
    Verstand,
Den eine vernünftige Frau, wenn sie mit leich-
    ter Hand
Und guter Manier ihn zu behandeln wüßte,
Zu einem der besten Männer unfehlbar machen
    müßte." —
So sagten die holden Geschöpfe. Und da man
    Ursach' hat
Zu glauben, daß vom ganzen versammelten
    Weiber-Senat
Die große Mehrheit hiezu die Stimme gäbe:
So sterbe Boreas, und Antiseladon
    lebe!

FUNFZEHNTER GESANG.

Anmerkungen.

1) vom Zufall, — der die Welt so übel nicht regieret.

Es würde unserm Dichter zu viel geschehen, wenn man ihn für fähig hielte, selbst in einem scherzhaften Gedichte, unter dem Worte Zufall ein blindes Ungefähr zu meinen, welches die Welt regiere. Nach Aristoteles hat die Welt mehrere, unsrer Vorstellungsart nach sehr verschiedene Regenten: — die Nothwendigkeit, die Natur, die Vernunft, und was er Tyche und wir Zufall nennen, (der, wenn er uns günstig ist, Glück, und im entgegen gesetzten Falle Unglück heißt) d. i. eine unbekannte Ursache gewisser Erfolge, die sich weder aus den Gesetzen der Nothwendigkeit und Natur, noch aus dem Gesetz der Vernunft erklären lassen, und die uns daher unerklärbar und unbegreiflich sind, wiewohl sie täglich unter tausenderley Gestalten erscheinen, und (wie die Erfahrung lehrt) meistens — vermuthlich immer — so richtig in den Operazionsplan der übrigen Weltregenten eingreifen, daß die Stoiker sich für hinlänglich begründet hielten, den Zufall aus ihrem System gänzlich zu verbannen, und seine Verrichtungen durch eine weise und wohlthätige Göttin, Pronöa genannt, versehen zu lassen.

2) Kaliban —

So heißt in **Shakspeares Sturm** eine Art Halbmensch von seiner eigenen Schöpfung; ein unförmliches Mittelding zwischen Mensch und Meerkalb, dessen Erfindung und Darstellung vielleicht das *non plus ultra* der höchsten menschlichen Einbildungskraft ist, wie schon **Addison** in einem seiner *Spectators* bemerkt hat.

3) Des Priester Johann.

Diesen seltsamen Nahmen (*Prestre-Joan, Pretre-Jan, Pape-Jan* u. s. w.) führt gewöhnlich bey den Kosmografen und Reisebeschreibern des 16ten und 17ten Jahrhunderts der König von Habessinien, oder, wie er auch häufig genannt wird, der **große Negus**. Gelehrtere Geschichtsforscher hingegen behaupten, daß bloß ein Irrthum der Portugiesen Schuld daran sey, daß man den Priester Johann, von welchem schon ältere Wanderer viel Wunderdinge erzählt hätten, in Äthiopien zu finden geglaubt habe, da er doch vielmehr im südöstlichen Asien, zwischen der Halbinsel jenseits des Ganges und dem Lande Kathay zu suchen sey, woselbst ein Nestorianischer Mönch dieses Nahmens ein christliches Reich gestiftet haben soll, welchem der berühmte Eroberer Dschingis-Kan ein Ende gemacht. Wie viel oder wenig hieran wahr sey, kann uns hier gleichgültig seyn.

4) *des grofsen Polexander.*

Polexander ist der Held eines grofsen heroischen Romans, der im Jahre 1632 in fünf dicken Oktavbänden zu Paris erschien, und seinem Verfasser, Gomberville (einem der ersten Mitglieder der vom Kardinal Richelieu gestifteten *Academie Françoise*) eine grofse Reputazion machte, welche aber schon im folgenden Jahrzehend durch Kalprenedens Kassandra verdunkelt wurde. Jetzt sind beide Werke eben so aus der Mode gekommen und vergessen, wie die Kleidertrachten unter Ludwig XIII.; wiewohl das letztere in seiner Art immer ein treffliches Werk bleiben und dem Geiste der Zeit Ehre machen wird, worin ein solcher Roman das beliebteste Lesebuch aller höhern Klassen war.

5) *Non omnia possumus omnes —*

„Wir können nicht alle alles" — ein zum Sprichwort gewordener halber Vers des Virgils.

6) *animulam blandulam —*

Anspielung an den bekannten Schwanengesang Kaiser Hadrians:

Animula vagula blandula,
Hospes comesque corporis,
Quae nunc abibis in loca?
Pallidula, rigida, nudula,
Nec ut soles dabis joca.

Oder, nach Fontenellens glücklicher Übersetzung:

> *Ma petite ame, ma mignonne,*
> *Tu t'en vas donc, ma fille, et Dieu sâche*
> *où tu vas?*
> *Tu pars seulette, nue, et tremblottante, helas!*
> *Que deviendra ton humeur folichonne?*
> *Que deviendront tant de jolis ébats?*

SECHZEHNTER GESANG.

1.

Es gab zu allen Zeiten, und giebt noch itzt vielleicht
Karakter, worüber ein Mann, der Menschenherzen studieret,
Sich schwerlich mit sich selbst vergleicht
Was ihnen für eine Bezeichnung gebühret.
Ist Strefon redlich? ist er's nicht?
Stets etwas lügt an ihm, setzt welchen Fall ihr wollet,
In jenem sein Leben, in diesem sein Gesicht.
Den Mann, der so devot die hollen Augen rollet,
Der immer von fremdem Verdienst und eignem Unwerth spricht,
Und stets versucht sich fühlt, stets mit dem Teufel ficht;

2.

Der Mann, der kaum zu lächeln sich entblödet,
Und von der **Wollust Aristipps**
Als wie von **Miltons Sünde** redet,
Euch seufzend warnt vor ihr, gerade wie Bru-
der Lips ¹)
Den Knaben bey **Hans La Fontänen**
Vor Gänschen schreckt als wie vor Amfisbänen:
Den problematischen Mann, sagt Freunde, wie
nennen wir ihn?
Verdient er daſs wir uns zu seinen Füſsen legen?
Was ihn beseelt, ist's Tugend oder *Spleen?*
Ist's Schwärmerey, Wahl, oder Unvermögen?

3.

War **Seneka** ein tugendhafter Mann?
War **Julian** ein Schwärmer oder Weiser?
August, das Muster guter Kaiser,
Ein Halbgott, oder ein Tyrann?
Das Mittelding von **Alexandern**
Und **Münzern, Kromwell,** sagt, war er
ein Bösewicht?
Ein Heiliger? ein Fantast? — Dem einen
widerspricht
Sein Leben, und sein Tod dem andern:
Non liquet; ja und nein hat gleiche Schein-
barkeit,
Wir überlassen das Urtheil dem Himmel und
der Zeit.

4.
Indessen, wenn uns gleich von manchem
 Fänomen,
Aus Mangel des Fensters, das Momus an
 unsrer Brust vermisset,
Die innern Räder und Federn entgehn,
Und mancher vielleicht im Bild andächtiglich
 geküsset
Und fleifsig beräuchert wird, der, kennten wir
 ihn recht,
Im Grund ein armer Sündenknecht
Wo nicht was ärgers war: soll diefs uns irre
 machen?
Wir sehen auf Stoff und Form, nicht auf
 die Farbe der Sachen.
Was Kunst ist, was Natur, ist allen offenbar,
Und unverfälschtem Sinn ist nur das Wahre
 wahr.

5.
Nur wisse man, ungetäuscht von schiefen Sit-
 tenlehren,
Den Menschenverstand und seine Sinne zu
 hören!
Die werden, bleiben wir ihnen getreu,
Nicht selten von der Person, noch öfter von
 den Sachen,
Uns fest in unserm Urtheil machen.

Wir lieben den Don Quichotte, von welcher
   Art er sey,
Und wenn wir seine Schwärmerey,
Nicht ihn, den guten Mann, belachen,
Geschieht es bloſs, weil uns Galenus sagt,
Daſs Lachen und fröhlicher Muth die bösen
   Geister verjagt.

6.

„Und alle diese Filosofien
Was sollen sie uns? — Warum gerade vor
   diesem Gesang?
Dem Dichter, scheint es, wird mitunter die
   Weile lang,
Und, um sein albernes Werk in achtzehn
   Bücher zu ziehen,
Ist alles gut, was ihm zu Kopfe steigt." —
Herr Kritikus! — Horaz, dem ihr die Ehr'
   erzeigt
Ihm gelten zu lassen: „Er habe so ganz erträg-
   lich geschrieben,
Und meistens mit Witz und Laune, oft scharf,
   doch ziemlich fein,
(Die Schnaken abgerechnet) den Narren mit
   Narren getrieben,
Und alles dieſs in ziemlich gutem Latein;

7.

Obgleich die Griechischen Wörter, Wortfügun-
 gen und so weiter,
Und manche Ode, zu warm von Lieb' und
 Wein,
Wohl möchten unterblieben seyn." —
Horaz demnach, mein Freund, mein Lehrer,
 mein Begleiter,
(Wie meines Hagedorns *) einst) macht
 meine Apologie.
Wir folgen seinem Gesetz, den Scherz mit
 Sokratischen Lehren
Zu würzen — zwar nach unsrer Fantasie;
Allein wer läfst sich diese Freyheit wehren?
Das Steckenpferd, das wir reiten, hat seinen
 eignen Gang,
Und leidet, so sanft es geht, nicht den gering-
 sten Zwang.

8.

Um also zu Dindonetten, (die, wie ihr
 wifst, sehr nah
Am Herzen uns liegt) zurück in ihre Hölle zu
 kehren,
So stand sie, das grofse Werk zu fördern
 und zu mehren,
Wohl eine Stunde bereits, gleich einer Pythia,
Dem Kabbalisten gegen über,

Mit fliegenden Haaren und bloſsen Schultern da,
Und wünschte, während sie ihm steif in die
          Augen sah,
Die Ceremonie wäre vorüber;
Allein den Weisen, der nie in solchem Feuer
          sich sah,
Befällt auf einmahl ein seltsames Fieber.

9.

Ihm pocht gewaltig das Herz, es wird ihm grün
          und blau
Vorm schwimmenden Aug', und, ohne selbst
          zu wissen
Wie ihm geschieht, vergiſst er die mystische
          Frau,
(Die nun mit dem Sternensohn ewig wird
          schwanger gehen müssen)
Und liegt mit lechzendem Gaum — zu Din-
          donettens Füſsen.
Stracks füllt ein wirbelnder Dampf mit Finster-
          niſs und Graus
Die ganze Höhle, die Öfen und Tiegel fallen,
Man hört wie ein Rabengekrächz, man sieht
          Gespenster wallen,
Es donnert und blitzt, und unter betäubendem
          Knallen
Fährt mit den solarischen Geistern der
          Drache zum Schorstein hinaus.

10.

Wir möchten uns mit der Gewähr nun eben
 nicht gerne befassen,
Daſs alles dieſs buchstäblich und aufs Haar
Sich so begab, und nicht gemachtes Wetter
 war;
Das Urtheil hierüber sey — dem Leser über-
 lassen!
Genug, des Fräuleins vermeinte Gefahr
Bewog den Weisen, sie kräftig in seine Arme
 zu fassen.
Sie, die vielleicht für Zufall hielt
Was Vorsatz war, zerplatzte bald vor Lachen:
„Mein Herr Filosofus, ey! wo sind nun Ihre
 Drachen?
Bekennen Sie nur, Sie haben die Wette ver-
 spielt!

11.

Ich hätte zu Ihrem Bart mich eines Bessern
 versehen!
Ich meines Orts, ich blieb wie eine Säule
 stehen;
An Ihnen lag die Schuld." — Ja, ich gesteh'
 es ein;
(Noch hört er nicht auf, den Arm um ihre
 Hüften zu schlagen)
Und könnten Sie wohl so unbarmherzig seyn,

Und mir den einzigen Trost in diesem Schaden
versagen? —
„Sie drücken mich, Herr! (spricht jene) Ich
sage lassen Sie mich!
Ich steh' auf guten Füſsen und brauche keine
Stütze." —
Doch, was sie sagen mag, ihm steigt die Fie-
berhitze
Mit jedem Pulsschlag sichtbarlich.

12.

Die Dame merkte zuletzt was ihrem Filosofus
fehlte.
(Dieſs war ihr eignes Wort, als in der Folge sie
Der lieben Amme dieſs Abenteuer erzählte.)
„Fy! rief sie, schämen Sie Sich vor Ihrer
Theosofie!
Wo denken Sie hin? Ein Mann mit Ihrem
Barte könnte
Mein Ahnherr seyn!" — Ein Stoſs, wovon
der alte Gauch
Zu Boden fiel, gab diesem Komplimente
Die volle Kraft; so taumelt Silen auf seinen
Schlauch:
Und als er endlich mit Müh' sich wieder aufge-
wunden,
War Dindonette — gar verschwunden!

SECHZEHNTER GESANG.

13.

Er lief ihr eilend nach, und kam noch eben recht
Von einem schimmernden Ritter sie ihm entführt zu sehen.
Es schien mit gutem Willen der Dame zuzugehen:
Diefs gab ihr runder Arm, fest um den edeln Knecht
Geschlungen, ziemlich klar zu verstehen.
Er hätte sie lieber dem Bel zu Babel im Rachen gesehen!
Dazu kam noch, zu allem Überflufs,
Ein fernher zugeworfner Kufs,
Begleitet mit einem leichtfertigen Kichern,
Ihm ihre Wiederkunft ironisch zuzusichern.

14.

Mich jammert der arme Mann, dafs seine Sternenkunde
Ihn diefsmahl so übel bedient! Die Qual des Tantalus
Ist nun, so lang' er noch das Daseyn schleppen mufs,
Sein Loos dafür, dafs Dindonette die Runde
In seine Höhle zu einer bösen Stunde
Verirren mufste! wofern er nicht vielleicht
Gescheider ist, und denkt: wo Leute leben,

Da muß es wohl mehr runde Mädchen geben —
Den Bart herunter mäht, wodurch er Satyrn
gleicht,
Und in die Welt zurück sich schleicht.

15.

Der Ritter, der Dindonetten von ihrem guten
Glücke
Entgegen geführet ward, erkannte beym ersten
Blicke
Die Tochter Bambo's. Es war der Prinz von
Trapezunt,
Der, kürzlich von Leoparden aus ihrer
Atmosfäre
Verbannt, mit seinem Herzen den Bund
Beschworen hatte, der ersten (vorausgesetzt
sie wäre
Nicht gar zu häßlich, noch gar zu tief
An Herkunft unter ihm) auf ewig es einzu-
räumen.
Denkt wie es ihm schlug, als plötzlich zwi-
schen den Bäumen
Ihm Dindonette, beym Nahmen ihn rufend,
entgegen lief.

16.

Nie war sie ihm so reitzend vorgekommen.
Und wirklich hatte der Vorgang beym Magus
ihren frommen
Nichts sagenden Augen, in die man ohne Gefahr

Sonst sehen konnte, mehr Feuer, den schlaffen
        Zügen mehr Leben,
Und ihrer ganzen Person was Interessantes
        gegeben.
Der Ritter, der so manches Jahr
Von allen Gefährten der Liebe nur Schmerz
        und Verzweifelung kannte,
Glaubt neu geboren zu seyn, so oft ihr mildes
        Gesicht
Und ehrliches blaues Aug' ihm wohl zu begeg-
        nen verspricht,
Und segnet die Stunde, da ihn Frau Leoparde
        verbannte.

17.

Die runde Prinzessin, so bald sie erfuhr
Er sey von jener in ganzem Ernst entlassen,
Trug kein Bedenken, von ihm sich lieben zu
        lassen;
Denn wirklich war sie die beste gefälligste
        Kreatur,
Unfähig Jagd auf ein Herz, das einer andern
        gehörte,
Zu machen, und (wenn man sie nur in ihrer
        Verdauung nicht störte)
Sich selbst und allen Wesen von ganzem Her-
        zen gut,

Stets willig zu glauben was ihr die Leute sagten,
Doch Faunen und Kabbalisten, die ihr zu nahe
    sich wagten,
Zurück zu treiben voller Muth.

18.

Nichts leichters wäre nun zwar, als noch zehn
    Jahre lang
Die Töchter Bambo's auf ihren langhalsigen
    Thieren
Bis zum fünfhunderten Gesang
Die Welt durchtraben zu lassen, in seltsame
    Avantüren
Und schlimme Händel voll Sturm und Drang
Sie einzuflechten, und, um stets neue Knoten
    zu schnüren,
Mehr Narren und Närrinnen aufzuführen
Als Doktor Sebastian Brand in seinem
    Narrenschiff;
Und alles diefs, mit Hülfe von Alquif,
Urganden und Merlin, so unter einander
    zu rühren,

19.

Dafs endlich weder die Leser noch wir
Uns mehr heraus zu finden wüfsten,
Und dafs wir zuletzt, zum Zeichen das Lust-
    spiel ende sich hier,
Den Vorhang fallen lassen müfsten.

Allein davor sey unser Genius!
Im Gegentheile, wir eilen, wiewohl mit Weile, zum Schluſs;
Und da (wie Euklides uns lehrt) bald anzulangen, immer
Das Sicherste war den nächsten Weg zu gehn:
So soll Don Blömurant mit seinem Frauenzimmer
Sich noch vor Tafelzeit im Schloſs des Negers sehn.

20.

Doch, eben sehen wir dort noch einen von unsern Leuten
In diesem bezauberten Wald, wo unsre Scene liegt,
Wohin sein Gaul ihn führt ganz niedergeschlagen reiten.
Wenn uns sein Sonnenschirm nicht trügt
Und seine ganze Figur, die (mit Einschluſs von Stiefeln und Sporen)
Kaum mehr als die Luft, die er verdränget, wiegt,
So ist's Herr Parasol, der, seit er den Fächer verloren,
Ut iniquae mentis asellus, mit niederhangenden Ohren
In diesen Gegenden irrt und seiner Albernheit flucht,
Nachdem er die Feie Mab vergebens aufgesucht.

21.

Die schweifte herum, Prinzessen und Prinzen
	zu begaben,
Und dachte wenig an ihn. — Nun, da wir
	überdieſs
Die Blonde der Blonden (die ohne Ritter
	und Knaben,
Seitdem Herr Tulpan sie aus seinem Schlosse
	verwies,
Herum fährt) zu versorgen haben,
Und wirklich sie schon zu lang' in diesem ver-
	lassenen Stand
Vergaſsen, — wie, wenn ich sie unter der
	Hand
Mit Parasol, *ci-devant* Ritter vom Fächer,
	zusammen brächte?
Die Wahrheit (wiewohl die Prinzessin es nie-
	mahls eingestand)
Ist kürzlich: sie reisen bereits zwey Nächte

22.

Auf Einem Pferde zusammen, und jeder, weſs
	Standes sie sey,
Die etwas zu ihrem Nachtheil hieraus vermu-
	then wollte,
Verhalten wir nicht, wenn's auch den Junker
	verdrieſsen sollte,
Die Dame — verlor, und Er gewann gleich
	wenig dabey.

So blond und fad, so reich an kleinen Mährchen,
An Liederchen, Epigrammen und ärgerlichen
 Histörchen
Don Parasol war, so stark in der grofsen
 Kunst
Nonsensikalische Dinge mit guter Art zu sagen,
Es half ihm wenig bey ihr: der blonden Göttin
 Gunst
Ward nicht so leicht davon getragen.

23.

Zwar schien er ihr noch immer gut genug,
Aus Mangel ihres Papagayen
Zu seinem Gequäk' ein schläfrig Ohr zu leihen;
(Denn Blaffardine hielt nicht viel auf Tän-
 deleyen,
Wiewohl sie selbst nicht schwer an ihrem
 Witze trug)
Man mufs sich (sprach sie, und dachte in die-
 sem Stücke klug)
Zumahl auf Reisen, mit dem, was da ist, amü-
 sieren,
Wär's ein Perückenkopf. Doch, wie sich die
 hübschen Herrn
Zu schmeicheln pflegen, so glaubte das kleine
 Männchen nicht fern
Vom Glücke zu seyn, ihr Marmorherz zu
 rühren.

24.

In dieser Lage traf der Prinz von Trebisond
(Der, seit die runde Dindonette
Sich seines Herzens erbarmte, nicht mit dem
     Kaiser im Mond *)
Sein neues Glück vertauschet hätte)
Die beiden Reisenden an. Sie priesen den
     Zufall darob;
Allein den Geistern des Negers, die über alles
     walten
Was Bambo's Töchter und wir bisher für Zufall
     gehalten,
Gebührt von allem dem das Lob:
Unwissend wird Blaffardine, von ihrer
     Schwester begleitet,
Durch einen Geheimweg von ihnen in seine
     Gärten geleitet.

Anmerkungen.

1) wie Bruder Lips u. s. w.

S. *Les oyes du Frere Philippe* in den *Contes de la Fontaine*, wovon sich eine sehr artige, wiewohl ein wenig zu schwatzhafte Nachahmung im dritten Bande der Bremischen Beyträge befindet.

2) Wie meines Hagedorns —

Horaz, mein Freund, mein Lehrer, mein Begleiter, ist der erste Vers eines der schönsten Stücke dieses liebenswürdigen Dichters, Horaz betitelt, im ersten Bande seiner poetischen Werke: welche, wiewohl sie jetzt ziemlich vergessen scheinen, eine ehrenvolle Stelle in dem Deutschen Musen-Tempel nie verlieren werden.

3) nicht mit dem Kaiser im Mond.

Vermuthlich ist hier nur *Arlequin Empereur de la Lune* gemeint.

SIEBZEHNTER GESANG.

1.

Inzwischen lag der Ritter, der diesem Wundergedicht
Den Nahmen giebt, nach seinem Sturz vom Pferde
Noch auf dem Schoofs der alten Mutter Erde,
Ins Gras gestreckt, mit Augen ohne Licht
Und athemloser Brust in Ohnmacht tief verloren —
Doch nein! schon hat ihn, mit Hülfe der unbezauberten Mohren,
Sein Sekretär, der treulich über ihn wacht,
In eine der nächsten Hütten gebracht,
So krank, als hätt' ihm (die Sache heroisch zu sagen)
Der Hurensohn Roland die Glieder mit einem Eichbaum zerschlagen.[1]

2.

Das Übel wurde durch eine Wunde erlitzt,
Die ihm ein wenig mehr als nöthig zur Ader
gelassen:
Ihm hatte, wiewohl von seinem Schilde
beschützt,
Die Lanze des knochigten Boreassen
Die rechte Brust ein wenig aufgeschlitzt.
Bedeutend war es nicht. Doch alles zusammen
erweckte
Im ersten Momente, da er zu Boden fiel
Und Blut die Schuppen des goldnen Panzers
befleckte,
Bey Leoparden, die schon ein Tröpfchen
Blut erschreckte,
Die Furcht vor einem Trauerspiel.

3.

Ihr Herz, wir können's nicht bergen, nahm
Antheil an der Sache,
Und lieber hätte der apokalyptische Drache
Don Boreassen, noch ehe der Fall geschah,
Durch sieben Höllen geführt, als daſs sie Ama-
disen
Verwundet und ohne Athem im Grase liegen
sah.
Indessen, da sie bisher sich immer spröde
bewiesen,

Und in den Kredit sich gesetzt ihr Busen sey
von Stein,
So muſs des Karakters Einheit schon beybehalten seyn;
Doch meinten die Nymfen, die ihr am nächsten waren,
Ihr sey in der ersten Bewegung ein zärtlich
Ach! entfahren.

4.

Die Hütte, wohin man indeſs den schönen
Amadis
Getragen, wurde bewohnt von einer freundlichen Alten,
Die jungen artigen Leuten nicht ungern merken ließ,
Wie viel sie, zu ihrer Zeit, auf hübsche Männer gehalten.
Die gute Frau stand in dem ganzen Reſier,
Kraft eines Manuskripts voll Salben und Kräutertränken,
In groſsem Ruf. Kein Übel läſst sich erdenken
Wofür sie kein Mittel wuſste. Sie hatte ein
Elixier,
Wovon drey Tropfen, in Blut von einem
schwarzen Hahne
Genommen, Todte sogar, aus Charons leckem
Kahne

5.

Zurück ins Leben riefen, sofern der Verstorbene nur
Nicht mit dem rechten Fuſs zuerst hinein gestiegen.
Ein Kranker mochte woran er wollte liegen,
Gicht, Hüftweh, Zipperlein, Auszehrung, Pest und Ruhr,
Gleich viel, sie hatte die gröſste Wunderkur
Im nehmlichen Falle vor so und so viel Jahren
An einem gewissen verrichtet, bey welchem jedoch die Natur
Und Milz und Leber noch in gutem Stande waren:
Denn, sprach sie, fault die Milz und dorrt die Leber ein,
Dann mag der liebe Gott dem Kranken gnädig seyn!

6.

Der Zufall konnte nicht besser für unsern Helden sorgen.
Die Alte that Wunder, und brachte durch ihre Kräuterbrühn,
Umschläge, Latwergen und Salben den guten Paladin
So weit, daſs er am nächsten Morgen,
Als sie, mit vielem Gepräng' und nicht zu leichter Hand

Den Zustand der Wunde beängte, sich merk-
    lich — schlimmer befand.
Sein Wasser, vermuthlich von ihren Latwergen
    gefärbet,
Gefiel der Urgande nur halb; sie zog ein langes
    Gesicht,
Und wiegte den grauen Kopf; doch, sprach
    sie, sorgen Sie nicht,
Sofern uns nur die Milz den Handel nicht
    verderbet,

7.

So steh' ich dem gnädigen Herrn für die Gene-
    sung gut.
Ich hab' ein Pflaster von einer alten Base
Geerbt, das wahre Wunder thut:
Es kühlt den Brand, erweicht den Stein in der
    Blase,
Zertheilt den Schleim und das gestockte Blut,
Heilt offne Schäden und Brüche, kurz, ist für
    alles gut! —
Wie viel dieß herrliche Pflaster zur Heilung
    beygetragen,
Entscheide die Fakultät. Genug, nach sieben
    Tagen
Befand sich, trotz dem Pflaster, unser Held,
Dank seiner guten Natur! vollkommen herge-
    stellt.

Siebzehnter Gesang.

8.

Wir können nicht bergen, ein Mädchen —
  von der Alten
Die Tochter, oder doch so wie eine Tochter
  gehalten —
Trug auch das ihrige bey; ein Mädchen, wie
  Amadis,
Seitdem er seinen Thurm verliefs,
Noch keines geselm, und hier in Schäferhütten
Zu finden mächtig erstaunte; ein Mädchen, das
  Witz und Verstand
Im reinsten Ebenmafs verband,
Schön von Gemüth, untadelich von Sitten,
Von Anspruch, Grillen, Ziererey,
Koketterie und allen den kleinen Fehlern frey,

9.

Mit deren einem und andern die Damen unsrer
  Herzen
Gewöhnlich behaftet sind; gefällig, zärtlich,
  gut,
Freymüthig, ohne Falsch, von immer fröhli-
  chem Muth,
Und mit der Gabe begabt, so angenehm zu
  scherzen,
So schön zu erzählen, und mit so guter Art
Die feinsten Bemerkungen anzubringen,
Dafs, wer sie hörte, von ihr bezaubert ward;

Und fing sie vollends an zu ihrer Zitter zu
 singen,
Dann war es sogar für einen Stoiker hart,
Sein Herz ganz heil davon zu bringen.

10.

Bey so viel Talent, Verdienst und Tugend —
 gebrach
Nur Eins, und dieſs Einzige sagte nicht etwa
 der Neid ihr nach,
Es war was Amadis selbst fast alle Minuten
 beklagte:
Man konnte nehmlich, um nur nicht gar ein
 Stachelschwein
Und Seekalb vorzustellen, unmöglich häſslicher
 seyn.
Der arme Ritter! So oft sie was Artiges sagte,
(Was häufig geschah) und, was noch öfter
 bey ihr
Der Fall war, so oft ihr Herz in einem schönen
 Gedanken
Sich mahlte, traten die Thränen ihm schier
Ins Aug', und kaum erhielt er seinen Schmerz
 in Schranken;

11.

Kaum rief er nicht überlaut: Olinde, was
 gäb' ich dafür
Du wärest — nicht schön, wer denkt noch an
 Schönheit bey dir?

Nur bloſs den Augen nicht unerträglich!
Wohl hundertmahl seufzt' er ihr dieſs in Einem
 Tage vor,
Und sah dem Affengesicht so traurig, so beweg-
 lich
Ins Auge, und dann so erbittert zum grausa-
 men Himmel empor,
Drückt' ihr die Hand, die ihm von allen mög-
 lichen Händen
Die schönste däucht — auch war sie wirklich
 fein —
So sehnlich, es hätt' ein Stein, ein steinerner
 Stein,
In Mitgefühl schmelzen müssen, wenn Steine —
 was empfänden.

12.

Hier können wir nicht umhin, so leise, wie
 einst der Barbier
Des Königs Midas, dem Leser ins Ohr zu
 zischen:
Wie häſslich Olinde auch war, so stand's
 doch bloſs bey ihr
Die Wirkung ihres Gesichts in Amadis zu ver-
 wischen;
Denn Arm und Nacken und Hals und was dazu
 gehört,
Kurz, was an ihr unsichtbar blieb, war einer
 Göttin werth.

Die schmalste Öffnung an ihrem Halstuch
hätte
Den armen Prinzen zum glücklichsten Wesen
gemacht;
Er hätte, an einer natürlichen Kette
Von Schlüssen, das übrige gern von selbst
hinzu gedacht.

13.

Allein die behutsame Art, womit sie, von den
Füßen
Bis an die Zähne beynahe, verschanzt war,
ließ nicht viel
Zum Vortheil des Verborgenen schließen.
Was (dachte man) könnte das kleine Krokodil
Bewegen — hätte sie was ein solches Gesicht
zu vergüten —
Der leisesten Ahnung sogar den Zugang zu
verbieten?
Olinde war viel zu klug, um diese Gedanken
nicht
In allen Augen zu lesen; doch that sie nicht
dergleichen,
Entschlossen, von einem Gesetz, woran das
ganze Gewicht
Von ihrem Schicksal hing, kein Haar breit abzu-
weichen.

14.

Indessen mochte der Ritter sein unerhörtes Geschick
Bejammern so lang' er wollte, sich krümmen, winden und drehen,
Und zwischen Abscheu und Liebe beynahe vor Schmerz vergehen;
Zuletzt, und nur zu bald, kam doch der Augenblick,
Kam schon am achten Tage seitdem er Olinden gesehen,
Da er die Kraft verlor es länger auszustehen.
Doch seinem Freunde, dem Antiseladon,
(Der ihm von Zeit zu Zeit Bericht, wie weit er's schon
Bey Leoparden gebracht, erstattet) sein Herz zu entfalten,
Ward er durch Furcht vor Spott, wie billig, abgehalten.

15.

Wie könnt' ihm dieser die Schwachheit für so ein Scheusal verzeihn?
Man hat ja wohl die Erlaubniß, häßlich zu seyn,
Doch nicht, die Augen so gröblich zu verletzen!
Indeß gestand sein billiger Freund ihm gern,

(Nach dem, was Amadis ihm von ihres Geistes
  Schätzen
Und Reitzen sagte, dem köstlichen Kern
In dieser häfslichen Schale) „sie könnten den
  Abgang ersetzen,
Wofern er ersetzlich wäre." — Ein böses ver-
  hafstes Wofern!
Das unsern Helden zwey ganze Tage quälte,
So schrecklich quälte, dafs wenig am Geist-
  aufgeben fehlte.

16.

Olinde, wie günstig sie auch dem Ritter
  heimlich war,
Wie sehr sie Mühe sich gab ihn aufgeräumter
  zu machen,
Sah doch in ihrem und seinem Herzen zu klar,
Um über sich selbst nicht scharf genug zu
  wachen,
Dafs ihre Zärtlichkeit stets in ihrer keuschen
  Brust
(Ach! hätte der arme Ritter, wie schön sie
  war, gewufst!)
Verschlossen blieb, und blofse Güte des Herzens,
Blofs Freundschaft von ihrem Betragen das
  wahre Triebrad schien.
Indessen machte sie doch der Anblick seines
  Schmerzens
Den häfslichsten Mund noch häfslicher oft
  verziehn.

17.

Oft blinkten ihr Thränen im Aug'. In einer
solchen Stimmung
Befanden sie einst sich um die Dämmerungs-
zeit
An jenem Bache, der sich mit mancher schlän-
gelnden Krümmung
Durch Rosen wand. Ein Tempel, dem Hy-
men geweiht,
Stand ihnen im Gesicht, und liebliche Hügel
hegen
Das angenehmste Thal. In schwarze Traurig-
keit
Versenkt, schien Amadis, nur wie ein leblos
Bild zugegen,
Von allem nichts zu sehn, wiewohl er die
Augen auf sie
Geheftet hielt. Auch sie erfuhr die Magie
Mit welcher Seelen einander durch bloſse Blicke
bewegen.

18.

Sie fühlte des längern Schweigens Gefahr,
Und, um sich selbst und ihn ein wenig auszu-
kühlen,
Sprach sie mit freundlichem Lächeln (wiewohl
ihr Lächeln sogar
Durch ihrer Muskeln Schuld nicht sehr bezau-
bernd war)

„Wie traurig Sie sind, mein Freund! Sie fühlen
Den schönsten Abend nicht! Ich bitte, ermuntern Sie Sich!
Ich nahm die Guitarre mit mir, und itzt besinn' ich mich
Des Liedes, das Ihnen gefiel; ich will es Ihnen spielen."
Er nickte schweigend Ja; sie that's, sie spielt' und sang
Ein Lied, zu singen bey Sonnen-Untergang;

19.

Das süfseste aller Rondo's. In ihrer Stimme klang
Was Felsen schmelzen, Tieger rühren,
Die Seelen aus ihren Leibern führen
Und Todte beseelen könnte, wie Laurens Dichter sang. ²)
Lang' safs der Ritter, im Zauber ihrer Lieder
Verloren, da, als säh' und hört' er nicht,
Den Kopf auf den Busen gesenkt. Auf einmahl scheint er sich wieder
Gefunden zu haben; er wirft sich vor ihr nieder,
Verbirgt in ihrem Schoofs sein thränenvolles Gesicht,
Und — ach Olinde! — ist alles was er spricht,

Siebzehnter Gesang.

20.

Und was er sprechen kann. Mit zitternden
Händen strebet
Das gute Mädchen, sich ihm, so sanft sie kann,
zu entziehn:
Allein er ruft: Olinde, was dieses Herz bele-
bet
Ist deiner so würdig, und Du verkennst mich?
willst mich fliehn?
O wär' es möglich, könnt' Olinde für mich
empfinden
Was ich für sie! — Hier schwieg er, und
drückt' auf ihre Hand
So zärtlich den glühenden Mund, daſs wirklich
der guten Olinden
Das Herz entschlüpfte, und daſs sie die Kraft
nicht in sich fand,
Zu allen seinen übrigen Plagen
Ihm eine Kleinigkeit, wie ihre Hand, zu ver-
sagen.

21.

Doch sprach sie endlich, wiewohl im Anfang
ihr
Die Stimme versagte: „Mein Prinz, Sie glauben nicht mit mir
Zu reden; wie thöricht wär's, wenn ich es
glauben könnte!
Das Lied hat Ihnen vermuthlich, mein Freund,

In einem begeisternden Momente
Das Bildniſs einer Geliebten, die Ihre Entfernung beweint,
Die Quelle des bängsten und doch so gern
genährten Schmerzens,
Vor Ihre Stirne gebracht; Sie glauben sie wirklich zu sehn;
Die Dämm'rung begünstigt den süſsen Irrthum
des Herzens —
Wie plötzlich würd' er nicht durch Einen Blick
vergehn!"

22.

O! rief er, daſs dieſs Herz ganz offen vor dir
läge!
Hör' und erkenne der Wahrheit reinstes Ge-
präge
In meinem Geständniſs, Olinde, höre mich an.
Ich glaubte schon oft zu lieben, doch war's nur
Traum und Wahn;
Betrug der Fantasie, der Sinne war's! —
Olinde,
Erst seit ich Dich, und alles in Dir vereini-
get finde,
Was Seelen fesseln kann, erfahr' ich, wie übel
ich mich
Vorher geirrt. Ich kannte die seligen Triebe
Der wahren Liebe nie! Dich lieb' ich, Beste,
Dich,
Zum ersten Mahl, und o! mit welcher Liebe!

23.

Mit einer Liebe, die mir, mir selbst, ein Wunder ist,
Und doch so natürlich, als hätt' ich, seitdem ich mein Daseyn fühlte,
Nichts anders gethan. O glaub' es, Olinde, du bist,
Wenn auch die ganze Welt für einen Thoren mich hielte,
Unendlich schöner für mein Herz
Als meinen Augen die Puppen, womit ich ehmalds spielte.
„Ich sollte, versetzt Olinde, vielleicht dieſs alles in Scherz
Verwandeln — allein, mit Ihnen dringt etwas, das ich nie fühlte
Und kaum mir nennen darf, mich, ganz wahr und offen zu seyn.
Ich kenne Sie, oder bild' es zum wenigsten gerne mir ein,

24.

Ich kenne Sie gut genug, um Ihnen zuzutrauen
Sie fühlen was Sie mir sagen. Auch bin ich nichts minder als blind
Für meinen eigenen Werth. Ich glaub' in Ihr Herz zu schauen;
Es findet Vorzüge bey mir, die bey den schönen Frauen

Aus einem ganz simpeln Grund nicht sehr gewöhnlich sind.
Sie lieben meinen Geist, mein Gemüth, die
  kleinen Talente,
Wodurch mein Umgang, zumahl in dieser Ein-
  samkeit,
Was Interessantes vielleicht in Ihre Stunden
  streut;
Und wenn ich zu diesen Gaben, die meine Lage
  mir gönnte,
Nur eine einzige noch mir selber geben
  könnte;

25.

Die Gabe, die Brunells Ring dem, der im
  Mund ihn trug, ³)
Mittheilte, mit welchem Vergnügen folgt' ich
  dem süfsen Zug
Der Sympathie! — Doch, ohne auf Wunder
  zu hoffen,
Sey Ihnen das Einzige, was Olinde geben kann,
Mein ganzes Vertrauen geweiht! Mein Herz
  steh' Ihnen offen,
Und, als den Anfang davon, Freund, hören Sie
  folgendes an!
Ich war nicht immer was itzt. Mir gab ein
  König das Leben,
Und noch nicht lange, so hatten die Dichter
  von Hindoustan

Nichts angelegners als meine Gestalt zu erheben,
Und unsre Schönsten sah'n mit neidischen Augen mich an:

26.

Mein Vater, mög' es ihm Brama verzeihn!
Ermangelte nicht, um Zeuge von allem Unfug zu seyn
Den meine Augen verübten, mich fleifsig in allen Refieren
Des Reichs zur Schau herum zu führen.
Man trieb beynah' Abgötterey mit mir;
Auch büfste ich, über der albernen Gier,
Die armen Männer ihr Bifschen Vernunft verlieren
Zu machen, sehr bald mit meiner eignen dafür.
Vergebens schien die Natur durch viele bessere Gaben
Der Schönheit das Gegengewicht in mir gehalten zu haben:

27.

Sie halfen mir zu nichts, als meine Eitelkeit
Auf einen Grad von Unausstehlichkeit,
Der meiner Schönheit glich, zu treiben;
Ich war, mit Einem Worte mich völlig zu umschreiben,

Das völlige Gegentheil von meinem jetzigen
Ich,
Und hatte die Miene so zu bleiben:
Als plötzlich die Grille mir kam, von einem
Himmelsstrich
Zum andern mein schönes Gesicht herum zu
promenieren.
Auf dieser Reis' erblickte ein schwarzer Zau-
berer mich,
Und nahm sich die Freyheit heraus mich heim-
lich zu entführen.

23.

Er hätte, sagt' er zu mir, sich in den Kopf
gesetzt,
Mit einer schönen Frau sein schönes Schlofs zu
möblieren,
Und da er mich dieser Ehre vor andern werth
geschätzt,
So hoff' er, ich werde die Zeit nicht mit Gri-
massen verlieren.
Wie solch ein Antrag, in einem solchen
Ton
Der stolzesten Schönen gemacht von einem sol-
chen Adon,
Empfangen wurde, ist leicht zu schliefsen.
Der Neger, gewohnt, dafs alles vor seiner
Macht

Sich bückte, und ungelehrig zu eines Mädchens
 Füfsen
Zu schmachten — gab mir nur Bedenkzeit bis
 zur Nacht.

29.

Zuletzt (um über die Scenen von seinem Über-
 muthe
Und meinem Trotze so schnell als möglich
 wegzugehn)
Berührt' er zürnend mich mit seiner Zauber-
 ruthe,
Und stracks befand ich mich so, wie Sie mich
 vor Sich sehn.
So mufste noch wohl kein Mädchen für ihre
 Hoffart büfsen!
Es schien mir ganz unmöglich mein Daseyn
 auszustehn,
Und könnte man wirklich in Thränen zer-
 fliefsen,
Ich hätt' im wörtlichen Sinn zur Quelle werden
 müssen.
Doch, als der erste Schmerz verweint war, fing
 ich an
Zu merken, dafs mir der Neger die gröfste
 Gnade gethan.

30.

Er zwang mich, Gaben, die ich, so lang' ich
　　schön gewesen,
Verachtete, anzubaun. Ich hatte nun gute Zeit,
In einer gezwungenen erst, dann süfsen Ein-
　　samkeit,
Im Buch der Natur und in mir selbst zu lesen.
Ich wurde mit meinem Innern vertrauter, und
　　spähte darin
Verborgene Reitzungen aus und manchen neuen
　　Sinn,
Ursprüngliche Quellen von reinem hohem Ver-
　　gnügen,
Die, unerkannt, in uns begraben liegen;
Kurz, wie sich mein voriger Stand aus meiner
　　Erinn'rung verlor,
Ging ich, wie ein andres Geschöpf, zu neuem
　　Daseyn hervor.

31.

Ich wurde gefällig, sanft, verbindlich, glaubte
　　nicht
Dafs andre mir mehr Achtung schuldig seyen
Als ihnen ich, und machte mir zur Pflicht
Sehr wenig mir selbst und andern viel zu ver-
　　zeihen.
Schön, wufst' ich dafs ich gefiel, und alles
　　was man that

Um mir zu gefallen, war immer noch weniger als man sollte;
Jetzt mußt' ich gefällig seyn, da war kein andrer Rath,
Wenn ich erträglich werden wollte.
Auch lernt' ich den Witz, der sonst in meinen Händen
Ein Dolch gewesen war, wohlthätig anzuwenden.

52.

Sonst scheute man sich vor mir, itzt wurde mein Umgang gesucht;
Ich durfte mich frey zu zeigen wagen,
Und reitzte niemands Eifersucht.
Sie ist, so pflegten die Schönen aus Einem Munde zu sagen,
Das häßlichste Menschengesicht, das man verlangen kann,
Doch muß man ihr gestehn, Geist hat sie wie ein Engel.
Urtheilen Sie, ob ich beym Tausche gewann?
Jetzt übersieht man meine Mängel,
Ist immer das Beste von mir zu denken bereit,
Und meine Verdienste selbst erwecken keinen Neid;

33.
Ich darf sie ohne Scheu entfalten,
Weil niemand was mir fehlt durch sie vergütet
hält;
Kurz, ich gewinne dadurch bey Schönen und
Ungestalten:
Denn, wenn die Schöne bey mir sich desto bes-
ser gefällt,
Wie müssen nicht erst die Häfslichen und die
Alten
Mich lieb gewinnen, da jede, mir gegen über
gestellt,
Die Wollust schmeckt sich selbst für schön zu
halten!
Ich wiederhohl' es, Freund, von allem in der
Welt
Nur Brunells Ring, so hab' ich durch den
Mohren
Unendlich mehr gewonnen als verloren."

34.
Hier können wir länger nicht schweigen. Entweder sie sagt das Ding
Das nicht ist, 4) oder es steckt sonst etwas
hinter der Sache.
Ein Mädchen, das zufallsweise aus einer Venus
ein Drache
Geworden, glaubet mir, denkt, wie klug sie
ist, nicht so gering

Von ihrem Verlust. Sich selbst zur Hälfte todt
 und begraben
Zu sehn, ist wohl kein Spaß. Wie viel sie
 dabey vielleicht
An Geist und Herz gewinnt, die Zeit kommt,
 da ihr däucht
Zu ihren Vollkommenheiten auch noch die
 Schönheit zu haben,
Das wäre doch besser! Es ist, bey allem
 dem,
Von mehr als Einer Seite bequem und ange-
 nehm,

35.

Das Bißchen Verstand der Männer, vom jungen
 luftigen Knaben
Bis zum gerunzelten Greis, in seiner Gewalt zu
 haben,
Und aus den vermeinten Herren der Welt
Die albernsten Gecken zu machen, so bald es
 euch gefällt:
Bekennet, Kinder, dieß ist ein kleiner Vortheil,
 dem keine
Die seinen Reitz geschmeckt, mit kaltem Blut
 entsagt;
Ein Vorzug, um welchen manche sogar dem
 Augenscheine
Und ihrem Spiegel selbst noch Trotz zu bieten
 wagt.

Doch wie es mit unsrer Olinde hierin be-
    schaffen gewesen,
Bekommen wir ohne Zweifel im letzten Gesange
    zu lesen.

56.

Indessen, daſs unser Held, mit einer nie zuvor
Gefühlten Schwäche, sein Herz an eine Dame
    verlor,
Zu welcher sich offen und laut zu bekennen
Ein Muth erfodert wurde, der ohne Beyspiel
    ist:
Befand sich Leoparde, durch Amors Trug
    und List,
In einem fiebrischen Stande, den wir der Stol-
    zen gönnen.
Weil jede Krankheit zuförderst, wie Doktor
    Sassafras meint,
Um glücklich sie kurieren zu können,
Benahmset werden mufs, so scheint
Wir können die ihrige wohl nicht anders als —
    Liebe nennen.

57.

Allein, das war es nicht! Es war ein bloſser
    Zug,
Ein bloſser Geschmack, ein ganz unschuldig
    Verlangen
Den Ritter öfters zu sehn, der einem Mädchen
    an Wangen

Und Locken glich und doch sich wie ein Roland
 schlug,
Nichts als ein übergehendes Wallen
Im Blute, von der Begier dem Ritter zu ge-
 fallen
Begleitet; und für den Anfang war's allerdings
 genug.
Doch, was es auch war, so hatte sie den Ver-
 druſs, zu sehen,
Daſs unser Held, so bald er auszugehen
Im Stande war, fürchterlich kalt sich gegen sie
 betrug;

38.
Er, der vor kurzem noch so stark von ihr
 getroffen
Geschienen, und dem ihr Auge, wenn um den
 Minnelohn
Das seinige bat, beynah' erlaubte zu hoffen!
Es war verdrieſslich, im Komplimententon
Die frostigsten Dinge sich sagen zu hören.
Doch kaum entdeckte Herr Antiseladon
(Um alle Hoffnung bey ihr von Grund aus zu
 zerstören)
Ihr im Vertrauen die Ursach' davon,
Als etwas Neues, worüber ein Santon aus
 der Wüste,
Trotz seiner Gravität, vor Lachen bersten
 müſste:

39.

So fühlte sich auch ihr Stolz, an seinem empfindlichsten Ort
Beleidigt, stark genug, den Thoren zu verachten,
Der fähig war, für eine *Degueule* zu schmachten;
Und, ohne nur ein Abschiedswort
An ihren Undankbarn zu verschwenden,
Zog sie mit ihrem Gefolg' aus dieser Gegend fort.
Wir lassen sie nun in Antiseladons Händen,
Der seinen Ovid zu gut verstehen muſs,
Und viel zu erfahren ist, um ihren verliebten Verdruſs
Für seinen Plan nicht klüglich anzuwenden.

40.

Am Abend desselben Tages, an dem sie das reitzende Thal
Und unsern Paladin, zu den Füſsen
Der häſslichsten Göttin, der je geopfert wurde, verlieſsen,
Erblickten sie zum zweyten Mahl
Das nehmliche goldene Schloſs, von dessen Schimmer betrogen
Sie etliche Tage zuvor im Nebel herum gezogen,

Anstatt, wie damahls, vor ihnen zu fliehn,
Schien's ihnen itzt von selbst entgegen zu
 kommen;
Sie kamen noch bey guter Zeit dahin,
Und wurden freundlich aufgenommen.

41.

Man sieht, es nähert sich alles dem grofsen
 Augenblick,
Worin der Knoten entwickelt oder zerschnitten
Zu werden pflegt. Das Paar, das in den Schä-
 ferhütten
Zurück blieb, abgezählt, sind alle Personen
 vom Stück
Auf Einmahl in Einem Sahl an Einer Tafel bey-
 sammen,
Und — schauen einander an, — Dank un-
 serm Zauberstock!
Fünf schöne Prinzessen, die alle aus Bambo's
 Lenden stammen,
Und (mit dem Neger) ein Hut auf jeden Unter-
 rock. 5)
Die Zahl trifft überein; und doch, die Wahr-
 heit zu sagen,
Nie sahen wir uns vom Ziele so weit als itzt
 verschlagen.

Anmerkungen.

1) **Als hätte ihm — der Hurensohn Roland u. s. w.**

Diese heroische Wendung gab Don Quichotte (vermittelst einer Anspielung auf die fünfte und sechste Stanze im vier und zwanzigsten Gesange des *Orlando Furioso*) seinem ersten kläglichen Abenteuer mit dem handfesten Mauleseltreiber von Toledo, wie im siebenten Kapitel des ersten Theils seiner Geschichte zu lesen ist. Sollte übrigens die Delikatesse unserer Leser durch das Beywort, welches der Dichter aus dem Munde des besagten Ritters dem großen Roland giebt, beleidiget worden seyn: so dient zu einiger Entschuldigung desselben, daß der Titel *fils de putain*, wenn dem Stallmeister des Spiegelritters (dessen unterhaltende Gespräche mit Sancho Pansa im dreyzehnten Kapitel des dritten Theils vorgedachter Geschichte beschrieben sind) zu glauben wäre, vielmehr eine Art von Lob als einen beschimpfenden Vorwurf mit sich führte. Wenigstens hat es in Beziehung auf den großen Orlando das Verdienst der Wahrheit; denn dieser wurde allgemein für einen natürlichen Sohn Karls des Großen gehalten.

SIEBZEHNTER GESANG. 171

2) wie Laurens Dichter sang,

oder doch gesungen haben könnte; denn daſs Petrarka dieſs wirklich von der Stimme seiner geliebten Laura gesungen habe, können wir uns nicht erinnern. Doch fanden wir, beym Nachschlagen, eine Stelle, wovon unserm Dichter vielleicht eine ungetreue Erinnerung vorgeschwebt haben mag:

> Ed udì sospirando dir parole
> Che farian gir i monti e star i fiumi.
> *Sonnetto* 123.

3) Die Gabe, die Brunells Ring u. s. w.

nehmlich, die Gabe unsichtbar zu werden. S. *Orlando Fur.* C. III. 69.

4) Das Ding das nicht ist.

Die berühmten *Huynhnhms*, deren (maschinenmäſsige verdienstlose) Tugend Gulliver-Swift auf Unkosten der menschlichen Natur so sehr erhebt, hatten in ihrer Sprache kein Wort, um Unwahrheit oder Lüge zu bezeichnen. Sie muſsten sich der Umschreibung dazu bedienen: Du sagst das Ding das nicht ist, wieherten sie dem armen Gulliver zu, wenn er etwas gesagt hatte, das sie nicht begreifen konnten.

5) ein Hut auf jeden Unterrock.

„Zu Verständniſs dieses höchst abgeschmackten Verses diene den jetzt lebenden und den Nachkommen, welchen er unter die Augen kommen mag, zu wissen: daſs es zur Zeit, da dieses Gedicht vollendet wurde (1770) in Franken, Thüringen und Sachsen, nicht etwa unter dem gemeinen Volke, sondern sogar unter Personen von den ersten Klassen gewöhnlich war, die Mannsleute *Chapeaux*, Hüte, zu nennen. Wir haben nie recht dahinter kommen können, wann und wie eine so seltsame und dem männlichen Geschlechte offenbar despektierliche Benennung zur Mode geworden; aber so viel ist gewiſs: wenn es anständig ist, statt Mannsperson Hut zu sagen, so muſs es auch erlaubt seyn, statt des Worts Frauenzimmer oder Damen, sich hinfür des noch karakteristischern Worts, Unterröcke, zu bedienen. Man hat in diesem Vers einen Versuch damit machen wollen, um zu sehen, ob er die Ehre haben werde, entweder die Hüte abzuschaffen oder die Unterröcke Mode zu machen." — Das letztere ist, wie leicht vorher zu sehen war, nicht erfolgt: aber, was auch die Ursache davon seyn mag, die ehemalige Synonymität der Wörter Mann und Hut ist unvermerkt verschwunden, und diese Anmerkung, welche ehemahls einen elenchtischen Zweck hatte, muſste bloſs beybehalten werden, um obigen Vers der Nachwelt verständlich zu machen.

Wir können nicht umhin, bey dieser Gelegenheit überhaupt anzumerken, daſs noch verschiedenes in diesem Gedichte vorkommt, das sich auf Moden, Gewohnheiten und Sitten bezieht, die im zweyten Drittel dieses Jahrhunderts noch ziemlich gemein in Deutschland waren, seit funfzehn oder zwanzig Jahren aber nach und nach so gänzlich verschwunden sind, daſs die dar-

SIEBZEHNTER GESANG.

auf anspielenden Stellen theils unverständlich geworden, theils wohl gar etwas Unfügliches zu haben scheinen, das sie bey der ersten Erscheinung des Neuen Amadis nicht hatten. Von jener Art kommt ein auffallendes Beyspiel in der vierten Stanze des zweyten Gesanges vor:

— Ihr Götter! von Schrecken entseelt
Fliegt sie dem Putztisch zu. Was ist's? O Himmel, das Siegel
Von ihrem Triumf, noch eine Musche fehlt!

Diese Stelle, die vor 25 Jahren noch Wahrheit hatte, und wenigtsens noch allgemein verständlich war, hat jetzt, da die Muschen oder Schminkpflästerchen, (deren kluger Gebrauch ehmahls einen beträchtlichen Artikel der praktischen Damen-Filosofie ausmachte) wenigstens als offensive Waffen gänzlich von den Putztischen verschwunden sind, für unsre jungen Leserinnen einer Erklärung nöthig. — Von der andern Art sind alle, im Neuen Amadis häufig vorkommende Züge und Wendungen, welche eine ehmahlige Mode, den Hals und die Brust zu bedecken oder nicht zu bedecken, voraussetzen, die das völlige Gegentheil von der vestalenmäſsigen, und endlich bis zu einem lächerlichen, ja sogar unanständigen Übermaſs getriebenen Einhüllung oder Einschanzung derselben war, welche seit ungefähr funfzehn Jahren in ganz Europa zur herrschenden Mode geworden ist. Hätte diese letztere vor zwanzig Jahren schon Statt gefunden, so würden eine Menge Stellen in diesem Gedichte eine ganz andere Wendung bekommen haben.

Indessen, da alle satirisch-komische Werke mehr oder weniger dem Ungemach unterworfen sind, durch die Zeit von der Frische ihrer Farben zu verlieren, so würde eine Apologie für die Stellen, welche hier gemeint sind, um so überflüssiger seyn, als es doch wohl niemanden einfallen kann, einen satirischen Dichter für die Unbeständigkeit der immer abwechselnden Gestalten, unter welchen die menschliche Thorheit immer eben dieselbe ist, verantwortlich machen zu wollen.

ACHTZEHNTER GESANG.

1.

So wahr es ist, dafs Tugend, Verstand, und
	andere Gaben
Des Geistes und Herzens, in einer schönen
	Gestalt
Mehr Reitz und raschere Allgewalt
Auf alle Herzen, sogar der rauhesten Wilden,
	haben,
Als ohne äufsern Schmuck blofs durch den
	innern Gehalt:
So können wir doch getrost uns auf die Erfah-
	rung beziehen,
Dafs, wenn ein häfsliches Mädchen es einmahl
	so weit gebracht
Und sich durch geistige Schönheit, geheime
	Sympathien,
Durch Witz und reitzenden Umgang und
	unverwandtes Bemühen
Gefällig zu seyn, zur Dame von einem Herzen
	gemacht;

2.

Daſs dann die Leidenschaft, worin wir für sie
　　　glühen,
Das Stärkste ist, was man sich denken kann.
In diesem Falle befand sich der biedre Rittersmann
Prinz Amadis. Er fühlte, im ganzen Ernst,
　　　für Olinden
Was seine Hoheit noch nie für ein weibliches
　　　Wesen gefühlt,
Was schöne Seelen nur für schöne Seelen
　　　empfinden,
Und was sie um so mehr für wahre Liebe hielt,
Da sie zu fromm, und vielleicht (aus ihr
　　　bekannten Gründen)
Zu klug war, die niedrige Kunst Begierden zu
　　　entzünden
Zu Hülfe zu nehmen, die Naso den häſslichen
　　　Schönen empfiehlt;

3.

Die kleinen unmerklichen Kniffe, wobey die
　　　schlaue Kokette
Nichts wagt und meist mit groſsem Vortheil
　　　spielt.
Das kleinste Übersehn in ihrem Anzug hätte
Bey einem, der so gern nach jeder Blöſse
　　　schielt
Die man ihm giebt, unendlich viel verändert.

Doch, so behutsam sie sich umwickelt und
 bebändert,
So sehr sie sich hütet, damit bey keiner Gelegenheit,
In keiner Lage noch Stellung, zu keiner Tages-
 zeit,
Dem immer lauernden Jüngling ein Ungefähr
 entdecke,
Daſs man sich wenigstens nicht aus Furcht vor
 ihm verstecke:

4.

Mit Einem Worte, so viele vergebliche Müh'
Das gute Mädchen sich macht, um seiner Fan-
 tasie
Die Flügel zu stutzen, diefs alles kann nicht
 hindern
Daſs alle die Züge, die Anfangs in ihrem
 Gesichte so schwer
Zu ertragen waren, sich stündlich in seinen
 Augen mindern.
Sie däucht schon am siebenten Tag ihm lange
 so häfslich nicht mehr;
Am achten entdeckt er Adel und stille Majestät
Auf ihrer Stirne, am neunten verborgene Cha-
 ritinnen
Um ihren Mund, wo eine der häfslichsten
 Finnen
Die je ein Gesicht verschimpfte, ihr gar zu
 niedlich steht.

5.

Kurz, wie sie von Tag zu Tage sich seiner
 Seele bemeistert,
Nimmt auch die Bezauberung zu, die seine
 Augen bindt,
Bis endlich, von inniger Liebe und heifsem
 Verlangen begeistert,
Er gar sein Ideal in ihrer Larve findt.
Unmöglich kann sie itzt länger die Wahrheit
 seiner Triebe
Nach allen Proben, worauf sie ihn gesetzt,
Bezweifeln, noch länger ihm bergen, wie sehr
 auch sie ihn schätzt.
Wie könnte sie seinem Flehen, und o! den
 Thränen der Liebe,
Die von den Wangen ihm rollen, noch länger
 widerstehn?
Wann durfte sie jemahls hoffen, sich so geliebt
 zu sehn?

6.

Ein schöner Abend war's, — sie hatten keine
 Zeugen
Als Liebesgötter, versteckt in Myrtenzweigen —
Da schworen sie sich, entzückt und unschulds-
 voll,
Im Antlitz des keuschen Monds, was — nie-
 mand schwören soll,

Sich ewig zu lieben wie jetzt; und morgen, beym Erwachen
Des Tages, morgen soll Hymen ein Paar aus ihnen machen!
Indessen ging es dort im Lager vom Agramant,
Wo Helden und Heldinnen sich wie lose Jungen balgten,
Ja, in dem bezauberten Schlosse, gewöhnlich Wirthshaus genannt,
Wo Prinzen und Eseltreiber um Mambrins Helm sich walkten,

7.

Kaum ärger zu, als in dem goldenen Schloſs,
Wo Tulpan (der Neger, von dem wir schon so vieles
Gesehn und gehört) die hohe Ehre genoſs,
Fünf Töchter Dambo's mit ihrem ganzen Troſs
Am Halse zu haben. Er hatte des albernen Spieles
Nun ziemlich satt; indessen war doch der *Casus* rar,
Fünf Närrinnen, und (ihn selbst mit eingeschlossen)
Fünf Gecken, alle zugleich von Amorn angeschossen,
Beysammen zu sehn, und nicht ein einziges Paar,
Das mit sich selbst in Einverständniſs war!

8.

„Thoms liebet Mieken (so heifst's in einer
    alten Ballade)
Allein sein Unstern will, dafs Mieke für
    Heinzen glüht,
Für Heinzen, der all' sein Glück in Rösens
    Augen sieht,
Wiewohl sie ihn ärger als Babels Drachen flieht,
Denn Thoms nur findet vor Röschens Augen
    Gnade,
Nur Thoms, der, spröde für sie, an Miekens
    Kette zieht." 1)
So ging's in Tulpans Burg, und keinem unter
    allen
So schlimm als ihm; denn Er, dem jede gefiel,
Er hatte das Unglück allein, nicht Einer zu
    gefallen:
Kurz, Asmodeus trieb in diesem Schlosse sein
    Spiel. 2)

9.

Wahr ist's, Don Blömurant und seine Din-
    donette
Betrugen am ersten Tage sich wie zwey Tau-
    ben, gespannt
An Cypriens Wagen; allein, kaum war die
    Sache bekannt,
So eiferten schon die Schwestern in die Wette

Ihr gutes Vernehmen zu stören; die schlaue
　　　　Kolifischette,
Die Blonde der Blonden, ja Leoparde
　　　　sogar,
Die noch vor wenig Tagen so unerbittlich war,
Nun alle zum Schaden der guten Schwester
　　　　geschäftig,
Sie machten, zugleich, mit vereintem Sturm
　　　　und Drang,
Von dreyen Seiten dem armen Wichte bang;

10.

So bang, dafs jede andre für ihn gezittert hätte:
Allein der frommen Dindonette
Fiel eher des Himmels Sturz als solch ein Arg-
　　　　wohn ein.
Das Schlimmste dabey (denn Unglück kommt
　　　　selten allein)
War, dafs auch Karamell wieder sich bey
　　　　ihr einzuschmiegen
Sehr eifrig schien, wiewohl die sprudelnde
　　　　Kolifischon
Und Schatullïöse die Keusche schier bey
　　　　den Köpfen sich kriegen,
Sein Herz (als dessen Preis, seitdem die letzte
　　　　davon
Den ganzen Werth erfuhr, um Cent pro Cent
　　　　gestiegen)
Zu eignem Profit der andern abzulügen.

11.

„Und wie benahm sich denn Herr Karamell
dabey?"
Er wollte nicht hören noch sehn, lag seiner
schönen Runden
Den ganzen Tag auf dem Hals, und machte
ganz offen und frey
Den *Cicisbeo* bey ihr. Ihr, die sich ein wenig
gebunden
Mit Blömuranten glaubt, doch, ohne Zie-
rerey,
Dem andern nicht weniger gut ist, und unge-
fähr einerley,
Mehr oder minder, für beide seit ihrer
Bekanntschaft empfunden,
Sind beide lästig, der eine mit seiner Schwär-
merey,
Der andre mit seinem ewigen Klagen,
So daſs sie oft Lust hat, beiden auf einmahl
abzusagen.

12.

Dieſs alles machte die Burg zu einem Aufenthalt,
Woraus, wiewohl er beständig von Lustgetüm-
mel erschallt,
Sich jedermann wünscht, je bälder je lieber zu
scheiden.
Der Neger selbst, des Spaſses, den er sich

Mit Bambo's Töchtern gemacht, so satt als —
ihr und ich,
Entschließt sich, den Knoten der Posse auf
einmahl durchzuschneiden.
Wir gehn hier, spricht er zu ihnen, vor langer Weile zu Grund,
Es ist die höchste Zeit uns eine Veränd'rung zu
machen.
In diesem Augenblick thut ein junger Sylfe
mir kund,
Es gebe, nicht weit von hier, auf morgen was
zu lachen.

13.

Ein Paar, wie noch keines gewesen, beschwört
den ewigen Bund
Der Lieb' und Treu' in Hymens kleinem Tempel.
Nie sah man ein schrecklicher Warnungs-
Exempel
Von Amors Tyranney auf diesem Erdenrund:
Der Bräutigam jung und schön, die Braut die
häßlichste Kröte
Die je auf Leder gegangen, und doch der
Schwärmerey
Nichts gleich, wovon der Mensch für sie beses-
sen sey. —
„Gut, spricht Leoparde verächtlich, (wie-
wohl die plötzliche Röthe,
Die ihre Wangen umzog, dem Antiseladon
Nicht unbemerkt blieb) wir wissen etwas davon;

14.

Wir kennen, denk' ich, den Helden des
 Stückes,
Er nennt sich Amadis." — Wie? riefen aus
 Einem Ton
Die Schwestern, Amadis? — So ist die Reise
 schon
Beschlossen! Wir gehen alle, um Zeugen sei-
 nes Glückes
Und seines Geschmacks zu seyn. — Ah! wie-
 derhohlen sie oft,
Der Mann ist Amadis? Wer hätte so etwas
 gehofft?
Und ist sie wirklich so häfslich, die Dame der
 er fröhnet?
Fragt Schatulliöse, indem sie die Oberlippe
 sich beifst. —
Man spricht, erwiedert der Neger, sehr viel
 von ihrem — Geist,
Des übrigen wird von Freunden mit keinem
 Wort erwähnet.

15.

„Der arme Mensch! Er dau'rt mich bey allem
 dem;
An einen solchen Balg sich zu henken!"
Spricht Dindonette. — Du kennst ihn? —
 „Ihn kennen? das sollt' ich denken!

Ich kann ihn noch vor mir sehn. Er lag so
	angenehm
Auf seinem Sofa, da ich sein Küssen zurecht
	zu legen
Beschäftigt war." — Die seltne Naivität
Ermangelte nicht ein lautes Gelächter zu erregen;
Sie selbst lacht mit, bis ihr der Athem entgeht.
Allmählich bekennen die Schwestern einander
	was sie wissen,
Und thun es lachend, um nicht vor Ingrimm
	weinen zu müssen.

16.

Das muſs ich gestehen, es ist doch Schade,
	daſs sein Herz
Nicht länger rulieren soll, spricht Schwester
	Kolifischette;
Es ist ein wahrer Verlust, wenn solch ein Gut
	dem Kommerz
Entzogen wird. — So ging es in die Wette
Den ganzen Tag. Dieſs, sagten sie, freue sie
	nur,
Daſs Amadis ihrer Gunst sich wenig zu rüh-
	men hätte.
Auch war es unfehlbar Verzweiflung, was die-
	ser Kreatur
Ihn in die Arme gestürzt. Mit allem diesem
	Gespötte

Betrog doch keine die andre; man sah es gar
 zu klar,
Daß Galle, nicht Frohsinn, die Quelle von
 ihren Scherzen war.

17.

Inzwischen beeiferten sich die königlichen
 Damen
Und ihrer Zofen dienstbare Schaar,
Durch ihren Putz dem seltsamen Hochzeitpaar
Auf morgen Gala zu machen, und alles auszu-
 kramen,
Womit sich jede zu blenden und zu bezaubern
 getraut.
Zwar ist's ein sehr kleiner Triumf, so eine häfs-
 liche Braut
Durch ihre Reitze auszustechen,
Doch desto gröfser die Lust an Amadis sich zu
 rächen:
Es wurde vor lauter Erwartung in dieser ganzen
 Nacht
Kein weibliches Aug' im Schlosse zugemacht.

18.

Der Morgen brach nun an, den, aus verschie-
 denen Gründen,
Die Töchter Bambo's und unsre Verliebten zu
 langsam finden.

Die ersten haben sich schon in einen halben
   Mond
Um Hymens Bild gestellt, und glänzen wie
   Karfunkel;
Noch nie sah Leoparde so majestätisch und
   dunkel,
Nie Kolifischette so schelmisch, nie Blaf-
   fardine so blond.
Und nun trat Amadis auch mit seiner geliceb-
   ten Olinden,
Wie Tag und Nacht, herein, von Lieb' und
   Vergnügen entzückt.
Die Schwestern hoffen, ihm werde, so wie er
   sie erblickt,
Die Farbe von den Wangen schwinden.

19.

Sie lachten laut genug; allein er sah sie nicht,
Er sah Olinden nur in Amors zaubrischem
   Licht,
Und hätte Cytheren selbst vor ihr nicht sehen
   können.
Ihr guten Schwestern, diefs sieht noch keinem
   Triumfe gleich!
Wie? Fünf Prinzessen nicht Einen Blick zu
   gönnen?
In Wahrheit, es war ein arger Streich;
Wer hätte so etwas im Fieber sich träumen
   lassen können?

Aus Rache hört man alle zugleich,
Indem die Verliebten den Kuſs der Treue sich
  geben,
Ein schallend Gelächter aus voller Brust erheben.

20.

Kurz während Lust! — Im zweyten Augen-
  blick
Hält ihnen ein plötzliches Wunder den Athem
  im Halse zurück.
Olinde ist aus dem Arme des glücklichen Rit-
  ters verschwunden,
Und Belladonna die Schöne, mit Hymens
  Rosen umwunden,
Füllt ihn statt ihrer und glänzt in ihrem bräut-
  lichen Staat.
Wie? rief in süſser Bestürzung der Paladin,
  und trat
Drey Schritte zurück, wo bist du, liebste
  Olinde?
Ich, rief sie, Geliebter, ich bin's! versöhnt ist
  das Schicksal, ich finde
In deinen Armen mich wieder. — Hier sprang
  der Neger geschwinde
Hervor und rief: Und ich bin's, der dieſs Wun-
  derwerk that!

ACHTZEHNTER GESANG.

21.

Denkt, was die Schwestern für grofse Augen
machten!
Sie standen, mit offnem Mund, wie kalte Sta-
tuen, da.
Doch, während sie sich nicht ohne die Hoff-
nung bedachten,
Dafs, was vor ihren Augen geschah,
Wohl nur ein Blendwerk sey, ersuchte Tul-
pan die Damen
Und Herren allerseits um hochgeneigtes Gehör.
„Zu wissen allen und jeden, die hier zusam-
men kamen,
(So spricht er) alles diefs ist nicht von unge-
fähr.
Olinde und Belladonna sind unter zweyerley
Nahmen
Nur Eine Person, und keine ist, was sie einst
war, mehr.

22.

Wie dieses Wunder zugegangen,
Das kann sie euch selbst am besten erzählen;
genug,
Ihr seht, Olinde ist schön und Belladonna
klug;
Was kann ein Biedermann mehr von seiner
Frau verlangen?

Der Ritter, aus Liebe, die er zu ihrer Seele
    trug,
Entschlossen, so häßlich sie war, sie mit zu
    Bette zu nehmen,
Wird über die Metamorfose sich, wie ich
    hoffe, nicht grämen;
Man thut nicht oft so einen Zug!
Er suchte ein Ideal, und sucht' es lange verge-
    bens;
Hier ist es! und macht es nicht die Wonne
    seines Lebens,

23.

So ist die Schuld nicht an m i r, ich habe das
    Meine gethan!
Allein ihr übrigen Töchter von Bambo, meine
    Kinder,
Ich kann euch so einzeln nicht sehn. Auch ihr
    seyd mir nicht minder
An's Herz gewachsen als diese: was fang' ich
    mit e u c h nun an?
Ihr seht was hier geschah. Wie, wenn wir,
    dem guten Exempel
Der Neuvermählten zu Folge, uns auf der Stelle
    gleich
Entschlössen fünf Paare zu machen? Ihr wür-
    det mir und euch

Viel Müh' ersparen, und — Kurz, *Corbleu!*
    aus diesem Tempel
Kommt keine mir ledig hinaus! Wir sind nun
    einmahl da,
Was braucht es mehr als ein entschlofsnes Ja?

24.

Ein Mädchen wünscht sich, wie sehr es sich
    ziert,
Stets einen Mann oder zwey, und Männer sollt
    ihr haben!
Wohlan, Frau Leoparde, der ältesten
    Schwester gebührt
Die Vorhand; wähle sie einen aus uns fünf
    rüstigen Knaben!"
So spricht er, und schwingt bedenklich den
    mächtigen Zauberstab,
Der ihm, nach Hobbes, das Recht so laut
    zu sprechen gab.
Die Damen liefsen sich freylich nicht gern so
    trotzig behandeln:
Allein was sollten sie thun? Der Schwarze mit
    seinem Stab
Wies, wie man wufste, so leicht durch keine
    Grimassen sich ab;
Er war der Mann dazu sie alle in Kröten zu
    wandeln.

25.

„He! rief Herr Tulpan noch einmahl in sei-
nem gebietenden Ton,
Ich dächte man könnte sich schneller zu einem
von uns entschliefsen."
Nun denn, versetzt sie, so sey's — Prinz
Antiseladon!
Und dankbar wirft sich der Prinz der neuen
Diane zu Füfsen.
„Und ihr, Mifs Schatulliöse?" — Mit keu-
scher Röthe reicht
Sie Karamellen die Hand, und hat das Mifsver-
gnügen,
Dafs Karamell hinter ihr weg sich schleicht
Um seine nervige Hand in Kolifischettens
zu fügen,
Die, weil ihr der Neger doch keine Bedenkzeit
erlaubt,
Just nicht das schlechteste Loos gezogen zu
haben glaubt.

26.

Beschämt und glühend vor Zorn, doch immer
Meisterin
Von ihren Bewegungen, wankt die tugend-
volle Vestalin
Mit ihrer kleinen Hand nach Blömaranten
hin:

Der Himmel bewahre mich, denkt er, vor
einer solchen Gemahlin!
Und ehe die kleine Hand ihn noch erreichen
kann,
So faſst er Dindonetten vor Angst mit beiden an.
Der Streich war arg! Allein die Schatulliösen
Sind nicht so leicht aus ihrer Fassung gebracht;
Sie hatte vermuthlich sich schon auf alle Fälle
bedacht:
Aus ihrer behenden Art, die Frage aufzulösen —

27.

Ob Parasol oder Tulpan der Mann sey, —
schloſs man diefs
Nicht ohne Grund; denn, ohne sich viel zu
bedenken,
Schien sie geneigt — dem Neger sich zu
schenken,
Sie sah, diefs wenigstens ist gewifs,
Mit Augen ihn an — o könnt' ich sie mahlen! — mit Augen,
Die, unter den Wimpern hervor, das Mark
aus den Beinen euch saugen.
Der Neger erschrak vor seinem Glück;
Er sah das Schicksal, das ihm in diesen Augen
rollte,
Und, wie sie die schöne Hand ihm eben reichen wollte,
So that er einen Satz zurück,

28.

Nahm Blaffardinen beym Arm, und rief
   mit herrschender Miene:
„Ihr Damen und Herren! das Schicksal thut
   durch mich
Euch seinen Willen kund; es wählte für mich
   und dich,
Gevatter Parasol, und mein ist Blaffardine!
Ich soll die Folie seyn, die ihre Blondheit
   erhöht;
Sie hat noch einmahl so eine gute Miene
Und scheint noch zweymahl so blond, wenn
   sie zur Seite mir steht;
Sie wird sich hoffentlich jetzt nicht wieder,
   wie ehmahls, sträuben:
In wenig Jahren *a dato*, wenn alles richtig
   geht,
Soll eine kleine Armee Mulatten die Zeit ihr
   vertreiben!

29.

Mit Schatulliösen der Keuschen, die, wie
   ihr alle wißt,
Vom Fuß zum Wirbel Seele ist,
Kann, nach den Gesetzen der Schwere, sich
   nur ein Geist vermählen:
Herr Parasol ist ihr Mann! ein ganzer Pla-
   tonist,

Leicht wie ein Traum, und wenig verkör-
         perter als die Seelen
Im Elysäerlande; sie kann
Sich mit Decenz sonst keinen als ihn erwählen.
Auf alle Fälle, Madam, wenn etwa dann und
         wann
Sich etwas ereignen sollte, das man — nicht
         vorsehn kann,
So steh' ich immer zu Dero Befehlen."

30.

Trompeten, Pauken und Zymbeln erfüllen itzt
         die Luft
Mit Jubelgetön, und alles Volk spricht Amen!
Noch stehen, Hand in Hand, wie träumend,
         die Herren und Damen:
Urplötzlich erfüllt ein dicker magischer Duft
Den Tempel, und wie er sich wieder zerstreut,
         o Wunder! so sehen
Die Schwestern ihren Papa, den Sultan
         lobesam,
Den Zepter in der Hand, leibhaftig vor sich
         stehen.
Schach Bambo wufste so wenig, als alle die
         ihn sehen,
Wie ihm bey dieser Reise geschehen,
Und wie er zu der Ehre kam.

31.

Er hatte, seit seine Töchter auf ihren langhalsi-
gen Thieren
Die Welt durchzogen, von keiner Sorge
geplagt,
Gegessen, getrunken, gegähnt, geschlafen,
und — Fliegen gejagt,
Ganz unbekümmert, wie wohl oder übel sie
führen;
Und da er sich eher den Papst als sie zu sehen
versah,
Stand er auf einmahl in ihrer Mitte da.
Sie rissen sämmtlich, wie leicht zu erachten,
Die Augen mächtig auf. Allein der Neger läfst
Den Schach nicht lange im Wunder: er sagt
ihm, was sie da machten,
Und bittet um seinen Konsens zu seiner Töch-
ter Fest.

32.

Ihr hohlt mich eben recht, spricht Bambo,
wie ich merke,
Zu zeigen, dafs man mich bey diesem löblichen
Werke
Sehr wohl entbehren konnte. Doch Basta!
Zum Hochzeitschmaus
Ist's immer noch früh genug! — Die Mädchen
gingen aus

ACHTZEHNTER GESANG.

Zu suchen was sie nicht hatten, und haben
                Männer gefunden.
Sie konnten allenfalls zu Haus
Das nehmliche finden. Indefs bleib' ich den
                Herren verbunden,
Die sich (hier lupft er ein wenig den Hut)
Mit solcher Waare beladen; ich gebe sie nicht
                für gut!
Doch hoffen wir, jeder Topf hat seinen Deckel
                gefunden.

Anmerkungen.

1) Thoms liebet Mieken, u. s. w.

Der Dichter hatte eine Schottische Ballade (aus einer Sammlung Englischer und Schottischer Lieder mit den dazu gehörigen Melodien) im Sinne, deren Anfang lautet:

>*Tom lov's Mary passing well,*
>*But Mary she lov's Harry,*
>*Whilst Harry doats on bonny Bell*
>*And finds his love miscarry;*
>*Since bonny Bell for Thomas burns,*
>*Who coldly slights her passion, etc.*

2) Kurz, Asmodeus trieb u. s. w.

Denn, nach einer Entdeckung, welche *Le Sage* seinen Don Kleofas machen läſst, ist der Amor, den Dichter und Mahler in die Wette als den liebenswürdigsten aller Götter schildern, und sein *Diable boiteux*, Asmodeus oder Asmodi im Büchlein Tobiä genannt, eine und eben dieselbe Person.

DER VERKLAGTE AMOR.

EIN GEDICHT
IN
FÜNF GESÄNGEN.

Vorbericht.

Die Idee dieses Gedichts, welches eben sowohl als Musarion, (zu welchem es als ein Gegenstück angesehen werden kann) nicht leicht unter eine schon bekannte Rubrik zu bringen ist, erschien dem Verfasser schon im Jahre 1771, und der kleinere Theil desselben wurde an einigen Winterabenden des besagten Jahres zu Papier gebracht. Wie Musarion, hatte es das Schicksal, einige

Jahre bey Seite gelegt zu werden, bis es im Winter 1774 wieder hervor gesucht, vollendet, und im siebenten Stücke des T. Merkurs dieses Jahres zuerst bekannt gemacht wurde. Es war Anfangs in vier Bücher oder Gesänge abgetheilt: man hat aber, um ein besseres Verhältniſs in Rücksicht der Gröſse zwischen den Gesängen zu bewirken, für gut gefunden, in dieser Ausgabe aus dem vierten Gesange zwey zu machen.

DER VERKLAGTE AMOR.

ERSTER GESANG.

V. 1 — 10.

Der grofse Tag war nun gekommen,
An dem im Götter-Parlament
In Sachen zwischen den Weisen und
    Frommen
Als Klägern, an einem — und Amorn,
    den man Kupido nennt,
Beklagtem, am andern Theil, gesprochen
    werden sollte.
Die Götter versammelten sich, indem das hehre
    Signal
Des grofsen Donnerers siebenmahl
Rings um die himmlische Burg durch heitre
    Lüfte rollte.
Sie schritten heran, Neptun vom alten
    Trözen,
Von Delos der schöne Apollo, und von den
    Thracischen Höh'n

V. 31 — 37.

Der junge Bacchus, begleitet von Vater Silen
Auf seinem trägen Thier. Die Jägerin Diane
Verließ den waldigen Cynthus, und ihr gelieb-
   tes Athen
Minerva. Nicht von ihrem lahmen Vul-
   kane
Geschleppt, von Mars im Triumfe geführt,
Schwamm auch Cythere daher in luftigem
   Morgengewande,
Nicht ohne List mit ihrem Gürtel geziert.
Die Götter von der fröhlichen Bande
Seh'n ihr mit Lüsternheit nach, und jeder nimmt
   sich vor
Wohlfeiler nicht für sie, als um den Preis, zu
   sprechen,
Um welchen Pallas und Juno den goldnen Apfel
   verlor:
Denn daß sie die Richter für ihren Sohn zu
   bestechen
Gekommen sey, zischeln die Frauen einander
   laut ins Ohr.
Die Klugheit räth, bey zweifelhaften Sachen
Die Rhadamanten sich voraus geneigt zu
   machen;
Und wem ist unbekannt wie groß in diesem
   Stück
Der Schönheit Vortheil ist? Sogar der Hip-
   piassen

V. 28 — 47.

Berüchtigte Kunst muſs ihr den Vorzug lassen;
Sie überzeugt mit einem einzigen Blick.
Man zeige mir vor seinem neunzigsten Jahre
Den Cato oder Catinat,
Bey dem (voraus gesetzt er leide nicht am
Staare)
Ein schöner Busen Unrecht hat!

Indessen sich nun im groſsen Sahle die
Götter
Und ihre Damen nach und nach
Versammelten, Venus die Männer bestach,
Und Hermes, der Höfling, und Momus,
der Spötter,
Der alten Vesta die Stimme versprach,
War's ziemlich laut im zweyten Vorgemach.

Die hohe Dienerschaft der Götter,
Der Adler Jupiters, und, stolz wie seine
Frau,
Der in sich selbst verliebte Pfau,
Cytherens Spatz, Minervens Eule,
Apollo's Schwan, und einer, der schon grau
In Mutterleibe war und den man just nicht
gerne
Vor zarten Ohren nennt, — wiewohl Freund
Tristram-Sterne
In diesem Punkt, dem Himmel sey's geklagt!

V. 40 — 65.

Und noch in manchem Punkt, nichts nach dem
    Wohlstand fragt —
Kurz, und so züchtig als möglich gesagt,
Der Esel Silens, verkürzten sich die Weile,
Die Welt, an der sie viel, sehr viel zu bessern
    sehn,
In eine andre Form zu giefsen:
Denn so, spricht Doktor Kauz, so kann's
    nicht länger bestehn.
Nur lassen wir uns, um nicht am Ziel vorbey
    zu schiefsen,
Die kleine Mühe nicht verdriefsen,
Bis auf den Grund des Grundes zu gehn.
Die Leute sind nicht klug, ist eine alte
    Sage,
Und nicht der Weisen allein, auch selbst der
    Thoren Klage;
Vom Spötter Lucian zu Gerhard Ger-
    hardssohn,
Genannt Erasmus, ist alles voll davon.
Akademien und Lyceen
Erschallen davon, beweisen's zum Greifen und
    zum Sehen,
In Duodez, in Quart, in Folio;
Man hört nichts anders. Gut, ihr Narren! ist
    ihm so —
Und dafs ihm so ist, scheint vom Ganges bis
    zum Po

V. 66 — 83.

(Um ohne Noth die Beweise nicht zu häufen)
Consensus gentium zu besteifen,
(Ein Argument, wovor nach *Markus Cicero*
Sich billig aller Respekt geziemet)
Nun gut, so sag' ich unverblümet:
Was hilft's den Narren, wenn einer den andern belacht,
Und keiner weder sich selbst noch andre weiser macht?
Zwar hör' ich diesen und jenen, der sein Arkan uns rühmet:
„Ihr Herrn, *probatum est!* Wer kauft mein Elixier?
Die Quintessenz der Weisheit aller Zeiten!
Es führt die Grillen ab, vertreibt die Übelkeiten,
Stärkt Kopf und Herz" — Sehr wohl! Wir wollen uns hier
Nicht um des Esels Schatten zanken:
Hilft dein Arkan, so ist dafür zu danken;
Nur zeig' uns, Wundermann, die erste Probe an dir!
Kurz — denn wir andern Denker pflegen
Auch unsre Worte, so leicht sie sind, zu wägen —
Die Welt ist voller Narren, darin stimmt jeder mir bey,

V. 84 — 100.

(Nur mit dem Vorbehalt sich selber auszunehmen)
Doch, wie den Narren zu helfen sey?
Ist immer noch das schwerste von allen Problemen.
Mich kümmert es nichts; indessen sag' ich frey,
Zevs thäte wohl Notiz davon zu nehmen.
Wär' ich an seinem Platz —
„An seinem Platze? fällt
Der Adler ihm ins Wort; ein blinder Regent der Welt!
Da wäre sie, *ma Dia!* wohl bestellt! [1])
Doch, immerhin! Laſs sehn, an seinem Platze
Was thätest du, Herr Kauz?" —
Man wähne nicht, ich schwatze
Ins Blaue hinein! ich stehe zu meinem Satze.
Der Grund des Übels ist: Die Leute denken nicht;
Nicht, oder nicht genug, und selten wo sie sollen:
Allein das Ärgste ist, auch wenn sie denken wollen,
Verhindert sie an dieser groſsen Pflicht
Die Sinnlichkeit, besonders das Gesicht.
Um tief zu denken darf uns nichts von auſsen stören,

V. 101 — 116.

Und was zerstreut so sehr als **Licht?**
Wie leicht wir Denker es entbehren,
Kann euch mein eignes Beyspiel lehren.
Zwey Sinne, oder drey aufs höchste, sind genug
Zum Hausgebrauch; was soll das Auge dienen?
Was ist es als ein Quell von Irrthum und Betrug?
Kurz, eure Leute sind **blofs weil sie sehn nicht klug;**
Die Augen, wär' ich Zevs, die Augen nähm' ich ihnen.

„Die Augen? zwitschert ihm **Cytherens Vogel** zu,
Und diefs um klüger zu seyn? Ich denke nicht wie du!
Gesetzt, wir würden dabey für's Räsonnieren gewinnen,
An Wohlseyn, glaube mir, Kauz, gewännen wir nicht viel.
Wir Spatzen halten's mit den Sinnen,
Und gäben um alles andre nicht einen Pappenstiel.
Dank sey der Göttin, die uns von ihrem Nektar zu naschen
Freygebig erlaubt! wir wenden das Daseyn besser an

V. 117 — 134.

Als Grillen in hohlen Ästen zu haschen.
Wir leben ohne Zweck und Plan
In stolzer Freyheit von allen andern Ge-
 setzen
Als, was uns lüstert zu thun. Ist's wohl oder
 übel gethan
In andrer Augen, das ficht uns wenig an.
Was kümmert's uns, wenn wir uns nur
 ergetzen,
Ob unser Zetergesang dem Hausherrn wohl
 gefällt
Von dessen Dache wir in Besitz uns setzen,
Und wer das Feld für uns bestellt
Worin wir die Schnäbel an jungen Erbsen
 wetzen?
Kurz, unsre geringste Sorge ist, ob wir Pflich-
 ten verletzen,
Und unser ist dafür die Welt!
Willst du, Freund Kauz, deſswegen uns Nar-
 ren schelten,
So lachen wir dazu; uns ist's Filosofie!
Die Worte, wie du weiſst, sind alles was sie
 gelten.
Nur, daſs wir zu Narren uns denken, dazu
 bekehrst du uns nie!
Mehr sag' ich nicht. — Was hältst Du von
 der Sache,
Herr Nachbar mit dem langen Ohr?"

V. 135 — 151.

Ich? (gähnt das träge Thier und reckt die
 Ohren empor)
Nicht dafs ich besser mich als andre Leute
 mache,
Doch grofsen Dank dem, der mich Esel wer-
 den liefs!
Ich möchte nichts anders seyn, wenn man
 mich wählen liefs'.
Ich denke — nichts, und finde, dafs nichts
 denken
Ein trefflich Mittel ist — sich über nichts
 zu kränken.
Ich trage meinen Herrn und seinen Schlauch
 dazu,
Und käue meine Disteln in Epikurischer Ruh';
Giebt's Feigen oder Makaronen, 2)
Nun, desto besser! Wo nicht, so gilt mir's
 einerley;
Ihm nachzusinnen mag sich nicht der Mühe
 verlohnen:
Ununtersucht glaub' ich, das Beste sey
Was vor mir liegt, und bis zur Schwärmerey
Hat weder Liebe noch Hafs kein Esel je
 getrieben.
Doch, wer mir nachgesagt, ich sey
Ein Narr gewesen und zwischen zwey glei-
 chen Bündeln Heu
Mit offnem Maul unschlüssig stehn geblieben, 3)

V. 152 — 172.

Mag seyn er ist zum Doktor übrig-klug,
Allein, zum Esel hat er nicht Verstand genug!
Daſs wir die Kunst der Musen lieben
Ist kein Verdienst vielleicht bey einem sol-
    chen Ohr;
Und ziehn wir **Mozarts** Schwierigkeiten
Und **Schweizers** Gesänge den schnarrenden
    Dudelsack vor, 4)
So wird es uns gewiſs kein Weiser übel deuten.
Wohl dem, der sich um einen kleinen Preis
Am Schlechten selbst zu laben weiſs!
Seyd nur, wie wir, nicht allzu zart im
    Wählen,
So kann es euch nie an Vergnügen fehlen —
Dieſs *in Parenthesi!* weil ich *de gustibus*
Mit niemand hadern will. — Und also, um
    zum Schluſs
Zu kommen, meint' ich unmaſsgeblich,
Kreirte **Zevs** die ganze Menschenschaar
Zu meines gleichen, Paar und Paar,
Der Schade wäre unerheblich,
Und für die gröſsre Zahl der Vortheil sonnen-
    klar.

„Vortrefflich! ruft der Vogel, der die
    Keile
Des Götterkönigs trägt; den Esel lob' ich mir!
Es lebe das naive Thier!

V. 173 — 191.

Was der verbuhlte Spatz und die gelehrte Eule
Nur zu verstehen gab, sagt Langohr rund heraus.
Ich hörte in Zenons Halle einst einen Bocks-
bart schwatzen,
Und, in der That, es kam auf Eins hinaus.
Beym Donner! eine Welt von lauter Eulen, Spatzen,
Und Eseln müfst' ein feines Weltchen seyn!
Mir leuchtet die Erfindung ein;
Noch heute soll dem Oberherrn der Erden
Beym Schlafengehn Bericht erstattet werden:
Wer weifs wozu er sich entschliefst
Wenn unsre liebe Frau bey guter Laune ist.
So viel ist ausgemacht, er würde
Der Weltregierung lästige Bürde,
Die jetzt ihm oft die Galle schwellt,
Sich selbst dadurch unendlich leichter ma-
chen.
Was würde bey dieser neuen Organisierung der Welt
Nur blofs an Blitzen erspart? Und uns im Sternenfeld
Was blieb' uns zu thun, als Schmausen und Tanzen und Lachen?
Der Esel lebe hoch, und seine beste Welt!"

V. 192 — 206.

Indessen daſs man hier so stark filoso-
fierte,
Saſs Junons Pfau auf einem Polster da,
Dem gröſsten Spiegel des Saals gegen über,
und amüsierte
Sich mit dem Bilde, das ihm daraus entgegen
sah.
Apollo's Schwan, erzogen unter den
Musen,
Und zärtlicher als der beste, der je am Stry-
mon sang,
Lag schmeichelnd ihm zu Füſsen, und
schlang
Den langen buhl'rischen Hals hinauf an sei-
nem Busen.
Er hatte von Leda's Schwan die Stellung
abgesehn.
O Schönste, lispelt er ihm mit schmachtendem
Flötengetön,
(Zum Zeichen wie weit der Taumel bey Dich-
tern gehen könne,
Verwandelt der Schwärmer den Pfau in eine
Pfauenhenne 5)
Die Welt, o Schönste, die Welt mag meinet-
halben gehn
So gut sie kann; Projekte bessern selten,
Und wirklich find' ich nicht sehr viel an ihr
zu schelten;

V. 207 — 223.

Sie scheint zur Rosenzeit, zumahl bey Mondenlicht,
Mit allem dem so übel nicht;
Und sie für mich zur besten aller Welten
Zu machen, möcht' ich mir von Zevs nur Eins erflehn,
Nur dich, o Schönste, dich ewig aus eben so vielen Augen,
Als man in deinem Rade bewundert, anzusehn,
Und ewig den süfsesten Tod aus deinen Blicken zu saugen.
Sehr neu, ich mufs es selbst gestehn,
Ist der Gedanke nicht; doch wollten Sie vergönnen,
Sie sollten gleich ein kleines Beyspiel sehn,
Welch einen frischen Glanz wir ihm ertheilen können.
Mir sind, zumahl für ein Sonnet,
Die abgetragensten Ideen
Die liebsten: aber, sie zu drehen,
Zu drehn, Madam, zu drehn — o diese Kunst versteht
Nicht jeder kaiserlich belorberte Poet!
Geruhn Sie —

V. 223 — 228.

Nein, Herr Schwan! Und wäre dein
Sonnet
Auf einer Drechselbank gedreht,
Und düftete lauter Zimmt und Amber
Wie Mühlpfort oder Lohenstein,
Wir müssen fort! Man winkt uns, aus der Anti-
schamber
Zur Audienz im Götterrath, hinein.

Erster Gesang.

Varianten.

Da man bey Vergleichung dieses Gedichts, so wie es hier erscheint, mit der neuesten Ausgabe desselben im ersten Theile der Auserlesenen Gedichte (1789) hauptsächlich im ersten Gesange beträchtliche Änderungen finden wird, so wird es dem Leser nicht entgegen seyn, diejenigen Stellen, wo die Änderung von einiger Bedeutung ist und mehr den Sinn der Rede oder die Sache selbst, als Sprache, Versifikazion und einzelne Ausdrücke oder Wendungen betrifft, so wie sie in der Ausgabe von 1789 stehen, hier zu finden, um desto bequemer urtheilen zu können, ob und was sie durch die Umarbeitung gewonnen haben.

V. 111—132. (S. 141 der Ausgabe von 1709.)

Wiewohl es Zeiten giebt, wo ich mit Einem Sinne
Ganz wohl zufrieden bin. Doch, Doktor, ob die Welt
Bey deinem Rath so viel gewinne,
Das lassen wir dahin gestellt.

Der ist beglückt, der sich für glücklich hält,
Narr oder nicht ist keine Sache!
Wenn mich ein Traum entzückt, verdient der
  meinen Dank
Durch den ich meinem Traum entwache?
Die Narrheit ist ein wahrer Nektartrank,
Du willst dafür mit Wasser uns beschenken.
O glaube mir, viel Denken macht nur krank,
Die Leute sind nicht klug weil sie zu Narr'n
  sich denken.
Von diesem Übermaſs sind meines gleichen weit.
Mein Wahlspruch ist, die kurze Frühlingszeit
In Rosen süſs vorbey zu scherzen.
Kein Kummer naht sich meinem leichten
  Herzen,
Ich denke nur was mich ergetzt, ich bin
Gern was ich bin, und die Natur zu meistern
Steigt meines gleichen nie zu Sinn,
Wir lassen dieses Amt euch andern groſsen
  Geistern,
Zehrt ihr euch selbst in einem hohlen Baum
Mit Staunen ab! Uns schlüpft des Lebens
  Traum
In Freuden hin, wozu wir nur Empfindung
  brauchen,
In Freuden, worin wir gern die trunkne Seele
  verhauchen.
Sind andre Leute nicht klug, so büſsen sie
  dafür!

Die Thoren! Haben sie nicht Gefühl sowohl
    als wir?
Indessen sollte Zevs um meinen Rath mich
    fragen,
So würd' ich ihm in aller Demuth sagen:
Nimm, grofser Zevs, dem armen Mittelding
Von Sperling und von Gott die Macht sich
    selbst zu plagen;
Gieb ihm den leichten Sinn vom bunten Schmet-
    terling;
Gieb ihm noch eins, dem armen Mittelding!
Ich hört' einst einen ihrer Weisen *)
Nicht ohne stillen Neid den Maulwurf glück-
    lich preisen:
Gieb ihm warum der Mann den Maulwurf
    glücklich pries,
So bleibt dein Ohr verschont von seinen Klagen,
So hört er auf sich selbst und alle Wesen zu
    plagen,
Und seinem Plato nachzusagen
Dafs ihn dein Zorn in diese Welt verwies. u. s. w.

V. 157 — 165.

Doch Jupitern sey Dank, der mich zum Esel
    schuf!
Ich, meinem inneren Beruf

---

*) *Buffon*, Allg. Gesch. der Natur IV. Theil, im
Artikel Maulwurf.

Gehorsam, denke nie, und finde, nichts zu denken
Sey gar ein gut Recept sich über nichts zu kränken.
Ich trage meinen Herrn und seinen Schlauch dazu,
Und fresse meine Disteln in sorgenloser Ruh';
Giebt's Feigen oder Makaronen
Zu schmausen, gut! Wo nicht, so gilt mir's einerley,
Ihm nachzusinnen mag der Müh' sich nicht verlohnen;
Ununtersucht glaub' ich, das Beste sey
Was vor mir liegt, und bis zur Schwärmerey
Hat, dafs ich wüfste, nie kein Thier von meinem Range
Geliebet noch gehafst. Mein Ohr ist leidlich lange,
Doch zieh' ich Leier und Schallmey
Herrn Haydens Symfonie und Ritter Glucks Gesange
Unendlich vor; wiewohl *de Gustibus*
Wer Friede liebt mit niemand zanken mufs.
u. s. f.

ERSTER GESANG.

Anmerkungen.

1) S. 210. v. 91. *Ma Dia!*

Eine den alten Griechen gewöhnliche Betheurung, beym Jupiter! — die sich für den Vogel Jupiters besonders zu schicken schien.

2) S. 213. v. 143. Giebt's Feigen oder Makaronen —

Die Makaronen beziehen sich auf eine Stelle im siebenten Theile des Tristram Shandy, und die Feigen auf das Mährchen von einem Feigen essenden Esel, über den der Stoische Filosof Chrysippus, der ihn bey diesem ungewöhnlichen Schmaus ertappte, sich zu Tode gelacht haben soll. Das nehmliche wurde auch dem Komödien-Dichter Filemon nachgesagt.

3) S. 213. v. 150. und zwischen zwey Bündeln Heu u. s. w.

Johann Buridan, ein subtiler Scholastiker von der Sekte der Nominalisten, im vierzehnten Jahrhundert, dessen zu seiner Zeit viel geltende Kommentarien über den Aristoteles längst vergessen sind, hat seine Unsterblichkeit einem, unter dem Nahmen der **Esel Buridans**, berühmten Sofisma zu danken, oder vielmehr der Celebrität, die ihm Merlinus Coccajus (Theofilo Folengo) in seiner Macaronea durch seinen Spott, und Bayle, Spinoza, Leibnitz u. a. durch ernsthafte Beantwortung desselben gegeben haben. Wenn, sagt Buridan, ein hungriger Esel sich gleich weit zwischen zwey vollkommen gleichen Bündeln Heu oder Grasplätzen befände: was könnte er thun? Da kein objektiver Beweggrund vorhanden ist, warum er den einen dem andern vorziehen sollte, und der subjektive (sein Hunger) ihn gleich stark zu beiden zieht: so muſs er entweder in diesem fatalen Gleichgewichte Hungers sterben — welches wenigstens alle Esel in der Welt eben so ungereimt finden werden als der Esel Silens — oder er muſs, ohne Beweggrund, aus freyem Willen sich zum einen oder zum andern entschlieſsen können, welches, nach den Scholastikern, ein Vorrecht der vernünftigen Wesen ist, das keinem Esel zukommen kann. Leibnitz gesteht ohne Bedenken, wenn der vorausgesetzte Fall Statt fände, müſste der Esel wirklich Hungers sterben; er behauptet aber, dieser Fall sey nach dem ordentlichen Laufe der Natur gar nicht möglich; — wiewohl er, aus Achtung für die Theologen seiner Zeit (die nicht ganz so geschmeidig waren wie die unsrigen) hinzu setzt: es wäre denn, daſs unser Herr Gott es schlechterdings so veranstalten wollte. Aber auch in diesem Falle würde sich, glaube ich, jeder Esel noch zu helfen wissen: denn er würde sich ohne Zweifel vor Hunger oder Ungeduld so lange herum wälzen, bis er dem einen Heuhaufen näher wäre als dem andern.

4) S. 213. v. 157. Schweizers Gesange etc. —

Die launenhafte Göttin Tyche, welche nicht gewohnt ist, „Glück und Verdienst gegen einander gleich zu wägen," hat dem hier genannten grofsen Musik-Künstler den Platz, der ihm, neben den Jomelli's, Sacchini's, Gulielmi's, Sarti's und ihres gleichen, unter den dramatischen Komponisten gebührt, in der Meinung der Welt (die ihn wenig kennt und in welcher er nie empor kommen konnte) nicht zu Theil werden lassen. Aber gewifs wird niemand, der die von ihm in Musik gesetzten Singspiele, Elysium, (von J. G. Jacobi) Alceste, und Rosemunde, besonders das letztere, kennt, oder ehmahls zu Mannheim aufführen gehört hat, es unserm Dichter verdenken, dafs er seinem verewigten Freunde bey dieser Gelegenheit eine Gerechtigkeit erweist, die nichts dadurch verliert, dafs sie aus dem naiven Mund eines so unbefangenen Wesens kommt als Silens Esel, zumahl da dieser hier als Repräsentant vieler anderer spricht, die sich, wiewohl mit kürzern Ohren, in einerley Falle mit ihm befinden.

5) S. 216. v. 203, 4. Zum Zeichen, wie weit u. s. w.

Diese beiden Verse, die in den ältern Ausgaben fehlen, schienen, zu Beschönigung der Ungereimtheit, den Dichter-Schwan eine so ekstatische Rolle bey Junons Pfauen spielen zu lassen, unumgänglich nöthig zu seyn.

ZWEYTER GESANG.

V. 1 — 13.

Nach Standes - Gebühr, geliebte Brüder, Vettern
Und Söhne, auch Schwestern, Basen und Töchter lobesam,
(So sprach itzt Zevs vom Thron zu den ringsum stehenden Göttern)
Ich war zu jeder Zeit Prozessen herzlich gram
Und nie ein Gott von vielen Worten:
Um also kurz zu seyn, so ist euch allen kund,
Wie lange schon Minerva und Konsorten
Mit Klagen gegen den Sohn der Frau von Amathunt
Olymp und Erde betäuben. Er macht es wirklich so bunt
Und täglich laufen von allen Enden und Orten
So viel Beschwerden bey uns ein,
Daſs unser Richteramt uns wehret
Ihm länger nachzusehn. Beklagter, dem der Schein

V. 14 — 33.

Vorhin nicht günstig war, erschweret
Durch Trotzen noch die aufgehäufte Schuld;
Sein Übermuth zerreifst die Dämme der Geduld.
Was hielt ihn ab sich vor Gericht zu stellen?
Ihr wisset was in solchen Fällen
Sonst Rechtens ist. Jedoch, der ganzen Welt
(Die es theils ohne Scheu, theils heimlich mit
    ihm hält)
Zu zeigen, dafs wir ihn nicht ungehört ver-
    dammen,
Ermangelten wir nicht den Vater Sanchez
    dort
Ihm *ex officio* zum Anwalt zu bestellen.

  Papa, fiel Venus hier dem Donnerer ins
    Wort,
Den Anwalt will ich mir im Nahmen meines
    Knaben
Aus Gründen sehr verbeten haben.

  „Warum, mein Kind? Wenn ich nicht
    irrig bin
Sind Naso selbst und Peter Aretin
In deinen Angelegenheiten
Nur arme Laien gegen ihn."

  Ich war, erwiedert sie, den tief gelehrten
    Leuten
Von seiner Gattung niemahls gut, ¹)
Und fühl' in mir, auch ohne Doktorhut

ZWEITER GESANG.

V. 31 — 50.

Für meinen Sohn im Fall der Noth zu streiten,
Beruf und Fähigkeit und Muth.

„Gut, gut, mein Töchterchen, gut! Um
uns nicht aufzuhalten,
Thut was ihr wollt!" — Er spricht's, und
winkt dem Alten,
Der einem Ägipan an Bart und Miene glich,
Zum Sahl hinaus. — Und nun erhoben sich
Hier Pallas, Hymen dort, als Sprecher
an der Spitze
Der Klägerschaft, von ihrem Polstersitze;
Minerven folgt Aurora und Dian'
Und neben Hymen hinkt der gute Mann
Vulkan.
Frau PALLAS räuspert sich, wirft ihren
Schleier zurücke,
Macht einen tiefen Knicks, und fängt zu
reden an;
Nur Schade, dafs man das, was ihre sprechen-
den Blicke,
Was Augenbrauen und Arm und Hand dabey
gethan,
Das ist, gerade das Beste, [2]) nicht übersetzen
kann.

„Wir sehen uns, Vater Zevs und ihr
Unsterblichen alle,
Indem wir hier vor euch als Amors Kläger stehn,

V. 51 — 69.

Im außerordentlichsten Falle
Worin sich Kläger je gesehn.
Es fällt uns schwer uns selbst zu überzeugen
Daß unsre Klage möglich sey;
Wir stehn verwirrt und möchten lieber schweigen.
Doch, schwiegen wir, so weckt uns das Geschrey
Der Erde, des Olymps, für die gemeine Sache:
Wir dulden zu lange schon, und fodern endlich Rache!
Und gegen Wen? Ist's glaublich? Kann es seyn?
Kaum glauben wir's dem Augenschein;
Und welche Meinung wird die Nachwelt von uns haben?
Die Harmonie der Dinge wird gestört,
Die Tugend ausgezischt, der Götterstand entehrt,
Die ganze Schöpfung umgekehrt,
Und alles dieß von wem? — von Wem? —
Von einem Knaben,
Der, bloß damit kein Unfug unverübt
Von ihm gelassen sey, für einen Gott sich giebt,
Wiewohl Cythere selbst zu ihm sich zu bekennen
Erröthet, — wenigstens, aus einem Rest von Scham,

ZWEITER GESANG.

V. 70 — 88.

Indem sie ihm erlaubt sich ihren Sohn zu nennen,
Uns nie gestand woher sie ihn bekam.
Und Er? was darf nicht Amor sich erfrechen?
Er prahlt noch mit der Dunkelheit
Die seinen Ursprung deckt! Die Nacht, hört man ihn sprechen,
Hat lange vor der Götterzeit,
Als alles Chaos war, mich ersten Gott geboren.
Und denket nicht er prahl' in diesem Ton
Aus Unverstand bey Kindern nur und Thoren:
Der schlaue Bube zieht davon
Den Vortheil, unter dem Nahmen des himmlischen Amors, in Seelen
Von befsrer Art sich heimlich einzustellen;
In Seelen, denen er als Afroditens Sohn
Nicht nahe kommen darf. Um diese zu berücken
Entkörpert sich der Schalk und spielt den reinen Geist,
Spricht Metafysik, schwatzt von himmlischem Entzücken,
Von einer Liebe, die sich mit blofsem Anschau'n speist,
Von Flammen, worin sich alle Begierden verzehren,
Und wie die Seelen, durch ihn, aus ihrem Raupenstand

V. 89 — 106.

Zu Schmetterlingen entwickelt, ins unsichtbare Land,
Das sie geboren, wiederkehren.
Der Heuchler! Macht er nicht Dianens Nymfen weiſs,
Es bleibe, wenn sein Geist nach ihrem Busen schiele
Und sich zum Urbild der Busen empor gezogen fühle,
Sein Blut dabey so kalt wie Alpeneis?
Ist gleich die Schlinge zu sichtbar — ein kluges Mädchen zu fangen,
So bleibt doch zuweilen daran ein blödes Gimpelchen hangen.
„Doch, dieses alles ist, wiewohl bereits zu viel,
Mit dem was uns zur Klage zwinget
Verglichen, bloſses Kinderspiel.
Wo ist ein Platz im Himmel und auf Erden,
Den Amors Frevel nicht entweiht?
Wo ist der Sterbliche, wo der Gott, der nicht Beschwerden
Zu führen hat? Ihr alle wiſst, wie weit
Sein Muthwill' es sogar mit unserm Stande getrieben,
Und wie die Unschuld selbst nicht sicher vor ihm geblieben.
Gesetzt auch sie verwahre sich

ZWEYTER GESANG.

V. 187 — 125.

Vor seinem Pfeil, was kann vor seiner Natterzunge
Sie schützen? Ach! ihr unsichtbarer Stich
Dringt selbst durch meinen Schild! Wie pflegt
 der wilde Junge
Beym Faunenfest, wenn auf der Mänas
 Schoofs
Der Wein ihn schwärmen macht, uns andern
 mitzuspielen?
Ihm ist, sein Müthchen abzukühlen,
Hestia nicht zu fromm und Juno nicht zu
 grofs. 3)
Hofft nicht durch Weisheit ihn zur Ehrfurcht
 zu vermögen!
Seyd ohne Tadel, seyd Latonens Tochter
 gleich,
Wenn alles fehlt, so weifs er euch
Endymions Schlaf zur Last zu legen.
Doch, diesen Muthwill' könnte man
Auf Rechnung seines Alters schreiben;
Und da sein Witz uns doch nicht treffen kann,
So möcht' er immerhin, um minder schädlich
 zu bleiben,
Mit Lästern sich die Zeit vertreiben:
Allein den Unfug auszustehn
Den sein Gewerb' in unsrer Herrschaft stiftet,
Und was wir Gutes thun stets ohne Frucht zu
 sehn,

V. 126 — 145.

So lang' er ungestraft die Sittenlehre vergiftet;
So lang' er singen darf: „ein Becher und ein Kuſs
Könn' einen Sterblichen froher, und, nach Gestalt der Sachen,
Selbst besser als er war und zehnmahl klüger machen
Als alle Filosofien der Weisen in *es* und *us*,"
Was dünkt euch, selige Götter, von solchen Sittensprüchen?
Kein Wunder, daſs er längst damit
Die Monarchie der Welt erschlichen!
Ein Lehrbegriff von diesem Schnitt
Wird nie an Schülern Mangel haben:
Den jungen Dirnen, und den Knaben,
Um deren Kinn die erste Wolle spielt,
Scheint nichts so gründlich. — „O, man fühlt,
Man fühlt ja, rufen sie, die Wahrheit seiner Lehren!"
Nun sagt mir, werden sie der Weisheit Stimme hören
Wo Amor solche Schulen hält?
Wollt ihr die Früchte sehn? Schaut nieder auf die Welt
Die Ihr regieren sollt und seht sie von Cytheren
Und ihrem Söhnchen so bestellt
Als ob wir andern nichts als Figuranten wären.

V. 146 — 167.

Wer präsidiert im Rath und im Gericht?
Wer hat die Gnaden auszuspenden?
Ich und Asträa wahrlich nicht!
Kupido wälzt mit seinen Kinderhänden
Den Erdenball, sein Spiel; das Glück
Von einem ganzen Volk entscheidet
Durch Seinen Einfluſs oft der Blick
Von einer Pompadour: sie winkt den Hel-
        den zurück,
Und ihr Adonis wird in einen Mars verkleidet,
Der, trotz Homers Achill, ein Fest
Besorgen kann und sich, wie Paris, jagen
        läſst.
Verwundern wir uns noch, wenn wir den Zep-
        ter sehen,
Der unterm Mond die Herrschaft führt,
Daſs alle Dinge dort so widersinnisch gehen?
Mich wundert nicht daſs er schlecht, nur
        daſs er nicht schlechter regiert.
Das Restchen von Weisheit, das noch aus jener
        guten alten
Saturnuszeit sich bis hieher erhalten,
Wiewohl schon längst der Geist davon
Verflogen ist, erweist noch seine Tugend.
Doch selbst den kleinen Rest von jener gold-
        nen Jugend
Der ersten Welt miſsgönnt Cytherens Sohn
Dem Erdenvolk. Sein Thorenreich zu gründen

V. 169 — 186.

Soll jede Spur der Sittlichkeit
Und Unschuld aus der Welt verschwinden.
Fortunens Freunde haben sich
Zu diesem grofsen Werk vorlängst mit ihm
   verschworen.
Die Musen, zu meinen Gespielen geboren,
Die Musen selbst entehren sich und mich
Seitdem sie Amorn zum Führer erkoren.
Und ach! die Weisen sogar, die Weisen haben
   verloren
Was ihren Orden sonst den Thoren
Verhafst und fürchterlich gemacht.
Der Ernst ist lächerlich, der von den Pytha-
   goren
Das Zeichen war. Itzt trinkt man, scherzt
   und lacht
Und salbt sein Haar und kränzt mit Rosen die
   Scheitel,
Ruft mit Diogenes, der Menschen Thun ist
   eitel,
Und nennt sich Filosof, und wird dafür erkannt.
Was soll ich sagen, nachdem der Fürst der
   sieben Weisen,
Ein Mann, der fähig war bis in das Wunder-
   land,
Wo Isis thront, der Weisheit nachzureisen,
Ein Solon selbst, Lyäen und Amorn anzu-
   preisen,

Zweiter Gesang.

V. 197 — 203.

Und, was noch schlimmer ist, in seinem siebzigsten Jahr
Ihr Priester zu seyn, noch nicht zu weise war! 4)
Und wie? den Mann, den Delfi für den besten
Der Griechen erklärte, den Mann, der meinem Athen
Den hohen Plato erzog, bey wenig ehrbaren Festen
Zum Lehrer, muſs ich es gestehn?
Von einer Tänzerin herab gesetzt zu sehn, 5)
Sprecht, wie gefällt euch dieſs? Und doch sind's Kleinigkeiten;
Sein Liebling Xenofon macht uns noch mehr bekannt:
Er läſst ihn gar zu einer Dirne schreiten
Die als Modell für junge Künstler stand.
Ein Knabe hatte sie unsäglich schön genannt:
Gut, spricht der weise Mann, so werden wir, zu wissen
Wie schön sie ist, die Augen brauchen müssen.
Der Griechen Lehrer geht, die Jünger hinterdrein,
An hellem Tag bey einer Lais ein,
(Ein andrer, fällt der Spötter Momus ein,

V. 204 — 217.

Ein andrer wäre bey Nacht zum mindsten eingegangen)
Und, für die Augenlust nicht undankbar zu seyn,
Was, meint ihr, lehrt er sie? — Die Weisheit, Herzen zu fangen. 6)

„Nun, große Götter, sprecht, ist's nicht die höchste Zeit
Dem Fortgang dieser Pest zu steuern?
Der Unfug geht, beym Styx! zu weit;
Was wird der Ausgang seyn, wenn wir noch länger feiern?
Verbannet Amorn, schließt ihn ein,
Der Hain zu Amathunt mag sein Gefängniß seyn;
Dort laßt ihn was er will mit seinen Charitinnen
Und Nymfen und Zefyretten und Amorinen beginnen!
Ist nur um seinen Rosenhain
Ein Zauberkreis, der ihm den Ausgang wehrt, gezogen,
Kann er nur nicht heraus und niemand zu ihm ein,

V. 218 — 224.

So spiel' er wie er will mit seinem goldnen Bogen,
Und singe bis zum Überdruſs
Von Kuſs und Wein, von Wein und Kuſs,
Regiere Löwen oder Schwanen
Mit seinem Rosenzaum, und plappre von Dianen
Und Pallas was ihm wohl gefällt;
Nur, Götter, nur befreyt von ihm die Welt."

Anmerkungen.

1) S. 228. v. 31, 32. den tief gelehrten Leuten von seiner Gattung —
Mangel an Einsichten in die Geheimnisse der *Venus Volgivaga* war es gewiſs nicht, was die Liebesgöttin gegen den ehrwürdigen Pater Thomas Sanchez, S. J. einzuwenden hatte, dessen berüchtigtes Buch *de Matrimonio*, nach dem Urtheile des berühmten Abts von St. Cyran, ein Werk von unendlicher Gelehrsamkeit in denjenigen Wissenschaften und Künsten ist, welche unter Asmodi's unmittelbarem Einfluſs stehen, und in welchen unwissend zu seyn rühmlich und nützlich ist. Vermuthlich rührt also der Widerwille Cytherens gegen ihn bloſs daher, weil die Göttin der Liebe nicht die Göttin der Leichtfertigkeit ist. Ein Sachwalter wie Doktor Sanchez würde Amors Sache nur verschlimmert haben; und der Erfolg zeigt, daſs dieser sein Interesse am besten verstand, da er sich mit seinen Gegnern in gar keine Rechtfertigung einlassen wollte.

2) S. 229. v. 48. gerade das Beste —
Wenigstens nach dem Urtheile des Demosthenes, der auf die Frage, was in der Redekunst das erste sey, antwortete: Die Aktion ist das erste, das andere, und das dritte. *Cicero de Oratore* III. 56.

3) S. 233. v. 113. Hestia nicht zu fromm —

Anspielung auf eine Anekdote, welche *Ovidius* im sechsten Buche seines Festkalenders, v. 331 f. erzählt, und deren noch etwas deutlicher zu erwähnen, Momus im dritten Gesange sich die Freyheit nimmt.

4) S. 236. v. 186 - 88. Ein Solon selbst —

Dieser berühmte Gesetzgeber der Athener vertrieb sich die Zeit noch in seinem hohen Alter mit Versemachen. Plutarch führt unter andern folgendes *Distichon* von ihm an, auf welches Minerva hier anzuspielen scheint:

Ἔργα δε Κυπρογενους μοι φιλα και Διονυσου,
Και Μουσων, ἁ τιθησ' ανδρασιν ευφροσυνας.

Wiewohl man diese Verse in ihrem Zusammenhange mit den vorgehenden müsste lesen können, um ihren Sinn ohne Gefahr eines Misverstandes ganz bestimmt angeben zu können: so erhellt doch immer so viel daraus, dass die runde Erklärung: „dass er noch immer Lust und Liebe zu den Werken (oder Gaben) der Cyprischen Göttin und des Bacchus habe," Minerven einen hinlänglichen Vorwand zu geben scheint, seine Weisheit wenigstens denjenigen verdächtig zu machen, welche nicht so glücklich sind, in Solons damahligem Alter ein gleiches von sich rühmen zu können.

5) S. 237. v. 193.

S. Xenofons Gastmahl, wo diese Anekdote umständlich erzählt wird.

6) S. 230. v. 206.

S. Xenofons Denkwürdigkeiten des Sokrates III. 13. Daſs Minerva auch des weisesten Mannes, den ihr geliebtes Athen je hervorgebracht, nicht verschont, soll den Richtern vermuthlich eine desto gröſsere Meinung von der Gerechtigkeit ihrer Sache geben: indessen wäre es leichter, den guten Sokrates gegen diese beiden Anschuldungen, als die redselige Göttin gegen den Vorwurf der Schikane zu vertheidigen.

DRITTER GESANG.

V. 1 — 11.

MINERVA schwieg, und mit verschämten Wangen
Trat HYMEN itzt hervor. Die Wahrheit zu gestehn,
Sein Aufzug gab kein mächtiges Verlangen
Aus Amors Sold in seinen Dienst zu gehn.
An Schönheit fehlt' es ihm nicht, wiewohl sie etwas vergangen
Und abgetragen schien: hingegen fehlt' ihm sehr
Der Talisman, womit uns Amors Schwestern fangen.
Matt ist sein blaues Aug' und ohne Anmuth hangen
Die Locken ihm um Stirn und Nacken her.
Er hätte (Vesta selbst bemerkt es heimlich gegen
Cybelen) ohne Furcht zu viel darin zu thun,

V. 22 — 31.

Vor seinem Spiegel sich ein wenig säumen
  mögen.
Doch im Vorbeygehn diefs! denn nun
Ist's um die Sache selbst, nicht um die Form
  zu thun.
Vielleicht war's List, die schönen Richterinnen
Beym ersten Anblick zu gewinnen —
Zur Liebe freylich nicht: allein
Er will auch nicht geliebt, bedau'rt nur will
  er seyn;
Und wirklich nur ein Herz von Stein
War fähig, ihm so wenig zu versagen.

„Ihr Götter, fängt er stockend an,
Nach einer Pallas noch vor euch zu reden wagen
Ist kühn: allein, was Amor mir gethan
Und täglich thut, ist länger nicht zu tragen,
Und spornte wohl zu lauten Klagen,
Beym Herkules! selbst einen Stummen an.
Ihr wifst, dafs Themis, kurz eh' sie der Welt
  enteilte,
Noch zwischen ihm und mir das Reich der
  Liebe theilte.
Er, sprach sie, (weil sein Blick, der lauter
  Unschuld log,
Die Herzenskennerin betrog)
„Er, sprach sie, soll es auf sich nehmen

V. 32 — 51.

Den jugendlichen Trotz des Mädchens zu
bezähmen,
Das, stolz auf seinen Reitz, in wilder Fröhlichkeit
Der Liebe lacht und Hymens Bande scheut:
Und ihrem Seladon, dem seine Schüchternheit
Mehr Schaden thut als ihre Sprödigkeit,
Ihm geb' er Muth sich freyer auszudrücken,
Und seinem Ton Musik, und Feuer seinen
Blicken.
Er zwinge sie mit sanfter Übermacht
Ihr fühlend Herz vergebens zu verhehlen.
Doch hüt' er sich, auch wenn die schönste
Nacht
Verzeihlicher der Sinnen Irrthum macht,
In Hymens Grenzen sich verräth'risch einzustehlen!
Er soll in einer jungen Brust
Den sanft sich sträubenden verschämten Wunsch
entfalten,
In Hymens Arm die unbekannte Lust
Des Mutternahmens zu erhalten.
Ein Kuſs, zum Pfand von ihrem Liebesbund,
Mag ihm verwilligt seyn, nur niemahls auf
den Mund:
Was weiter geht, das bleibt, nach unsrer Alten
Wohllöblichem Gebrauch, dem Hymen vorbehalten."

V. 62 — 74

„So, Götter, sollten wir, in aller Ehrbarkeit
Und Eintracht, unser Amt verwalten;
Und thäte Amor nicht, o welche goldne Zeit!
Doch sehet selbst — der Sache Kundbarkeit
Kommt leider! meiner Scham zu Statten! —
Was mir der Schalk für Abbruch thut;
Wozu er, wenn sein Pfeil das jugendliche Blut
Zu Feuer macht', in kupplerische Schatten,
Da wo die Rose verliebt sich um die Myrte
     schränkt,
Die junge Unschuld lockt, die an nichts Böses
     denkt;
Mit welchem grausamen Vergnügen,
Wenn sie der Arglist sich am wenigsten versieht,
Er über ihr sein Garn zusammen zieht;
Wie er, die Wachsamkeit der Klügern zu
     betrügen,
Sich stellt als liefs' er sich besiegen,
Und jeden warnenden Verdacht
Einschläfert oder gar zu seinem Freunde macht;
Wie oft er seine Masken tauschet,
Und wie geduldig der Schalk die Schäferstund'
     erlauschet;
Mit welchem Fleifs (nach mehr als Tausend
     Einer Nacht,
Worin der schlaue Gast Bemerkungen gemacht
Die ihm zu schlechtem Ruhm gereichen) ·
Er die Verführungskunst in ein System gebracht,

V. 75 — 98.

Dem wenige an Gewißheit gleichen;
Und wie es nun — ihr Schönen wißt
Ich übertreibe nicht — beynah' unmöglich ist
Dem Tausendkünstler auszuweichen!
O Unschuld, holde Schüchternheit,
Und süße Scham, Beschützerin der Tugend,
Wo seyd ihr hingeflohn, seit Amor unsre Jugend
Belehrte, daß ihr Blödigkeit
Und Vorurtheil und bloße Larven seyd!
Seit dieser Zeit, ich schwör' es bey den Flüssen
Des furchtbar'n Styx! hat Hymen nichts zu
    thun,
Als, gleich dem Gott des Schlafs, auf seinem
    Pfühl zu ruhn:
Kupido lehrt die jungen Nymfen küssen,
Und lehret sie so gut, daß mir
Nichts, das sie nicht schon besser wissen,
Zu lehren übrig ist. Und nun verwundern wir
Uns noch, wenn Weiber — wie wir sehen,
Aus Töchtern dieser Art entstehen?
Wenn Messalinen und Poppeen —
Verzeiht, Göttinnen, mir; allein, mein Herz
    ist voll,
Und meinen Schmerz hat noch kein Gott
    gefühlet!
Daß ich, wenn Amor mich bestiehlet,
Ihm noch dazu die Fackel halten soll,
Gesteht, das ist zu viel für einen Gott von Ehre!

V. 99 — 117.

"Auch sag' ich's öffentlich, wofern mir nicht in
  Zeit
Genug geschieht, und volle Sicherheit
Für's Künftige gegeben wird, so kehre
Ich meine Fackel um, und lösche sie, und bin
Nicht Hymen mehr! Sey Hymen meinet-
  wegen
Wer Schultern hat, die dieß ertragen mögen!
In eine Gruft des rauhsten Apennin
Will ich zurück mich ziehn, und ein Gelübde
  schwören —
(Beym ersten Tritt von einem Mädchenfuß
Den er im Schnee erblickt, ganz sachte umzu-
  kehren,
Spricht Bacchus laut genug daß man ihn
  hören muß)
Und, sag' ich, ein Gelübde schwören,
Der Weiber und des Weins auf ewig zu ent-
  behren!"

 Das ist ein grausamer Entschluß,
Erwiedert lachend Bromius;
Das heiß' ich Amors Schuld an deinem Leibe
  rächen! —
Sey unbesorgt, versetzt der Gott von Lamp-
  sakus,
Ich weiß wie man ihn fangen muß;
Er soll mir bald aus anderm Tone sprechen!

DRITTER GESANG.

V. 118 — 138.

Der Gott der Ehen schwieg, und unversehens trat
Der Spötter Momus auf *) und bat
Um günstiges Gehör. „Ihr Götter und Göttinnen,
So fing er an, ihr wißt, mir liegt
Daran sehr wenig, wer in dieser Fehde siegt;
Ich werde nichts dabey verlieren noch gewinnen.
Ich bin dem Hymen gut, ich bin auch Amorn gut;
Sie geben beide mir zu lachen,
Und frisches Blut *vel quasi* ²) uns zu machen
Ist keine Panacee, die beßre Wirkung thut.
Kurz, wider oder für, am Ende bin ich immer
Freund der Person, der Sache Feind,
Und selbst mein Spott ist herzlich gut gemeint.
Ich sehe, daß das Frauenzimmer,
Das gegen Amorn hier mit Hymen sich vereint,
Aus Sittsamkeit nicht alles sagen wollte,
Und Schwager Hymen hat, vor Eifer wie es scheint,
Das Beste, was er sagen sollte,
Vergessen. Oder ist's vielleicht nicht ahndenswerth
Wie mit uns Göttern selbst der kleine Schalk verfährt?
Ich sage nicht wer Leda's Schwan gewesen,

V. 139 — 157.

Nicht wer Alkmenen Eine Nacht
Drey Sommertage lang gemacht;
Die Dichter geben uns nur zu viel davon zu
    lesen,
Und unser Ruhm gewinnt nicht sehr dabey:
Indessen gilt der Vorwurf freylich — allen.
Die Hand aufs Herz und ohne Gleifsnerey!
Wer unter uns ist nie in Amors Netz gefallen?
Wird nicht der Vesta selbst ein Buhler vorge-
    rückt,
Den weder Frau noch Jungfrau gern gestehet? 3)
Dafs just Silens Grauschimmel drein gekrähet,
War sehr viel Glück für sie: allein es glückt
Nicht immer so; und hätt' er nicht gekrähet,
Wer sagt uns, hätte man den Buhler fortge-
    schickt?
So spricht die böse Welt! Man hat nicht immer
    Zeugen
Von seinem Widerstand, und eine einzige
    Nacht
Hat grofse Tugenden schon um ihren Ruf
    gebracht.
Man darf Selenen nur von ihrem Wagen
    steigen
Und sich dem schlummernden Endymion
    nähern sehn,
Sie darf aus Neugier nur auf ihn herab sich
    beugen,

V. 158 — 177.

So ist es schon um sie geschehn,
Sie hat nichts mehr im Wahn der Leute zu
 verlieren;
Und sollte gar ihr Mund den seinigen berühren,
So nennt, verlafst euch drauf, die Welt es
 einen Kufs;
Und weh' ihr dann, wenn ein Ovidius
Den Einfall kriegt das Mährchen zu brodieren!
Wir wissen insgesammt wie weise Pallas ist;
Und dennoch zischelt man von einem feinen
 Knaben
(Mit Drachenfüfschen zwar) den sie aus einem
 Zwist
Mit Mulcibern soll aufgelesen haben; 4)
Man spricht nicht gerne laut davon.
Sie wand sich, sagt man, los, — und doch
 fiel Erichthon
Nicht aus dem Mond herab. Sein Daseyn macht
 die Sache
Nicht besser. Hatte, wie sie spricht,
Das kleine Mittelding von Feuergott und Drache
Kein näher Recht an ihre Mutterpflicht,
Was trieb sie an, in ihrem eignen Tempel
Den Fündling zu erziehn? Man flieht doch
 gern den Schein,
Und mag an den verhafsten Stempel,
Defs Bild der Unhold trägt, nicht gern erinnert
 seyn.

V. 178 — 196.

Doch freylich lehrt ein neueres Exempel
Der Götterkönigin, daſs gegen Amors List
Die strengste Sprödigkeit noch unzulänglich ist.
„Sie sollte sich mit Ganymeden,
Der so verhaſst ihr ist, vergehn?"
Gut! wenn uns nicht die Danaen und Leden
Zur Rache reitzten! — Zwar hat niemand
            zugesehn
Und Iris schweigt, allein die Wände
            reden. 5)
Des Himmels Kronik ist ein wenig ärgerlich;
Genug davon! Doch, daſs die Damen mich
Nicht etwa für parteyisch halten,
Wer weiſs die Kurzweil nicht, die Amor täg-
            lich sich
Mit unsern Herren macht? die komischen
            Gestalten
In die er, wann und wo und wie es ihm
            gefällt,
Uns übersetzt? wie klein von uns die Welt
Um seinetwillen denkt, und, wenn sie uns
            verachtet,
Wie Recht sie hat? — Der Kriegsgott,
            spricht man, ist
Der Gott nicht mehr, der Krieg für Lustspiel
            achtet,
Der Hunger, Durst und Schmerz als Kleinig-
            keit betrachtet,

V. 197 — 218.

Und dem, wenn ja sein Aug' auf eine Stunde
　　sich schliefst,
Der harte Grund ein Schwanenlager ist:
Ein Weichling, der an Venus Busen schmachtet,
Ein Attys ist er, ein Bathyll,
Bey Grazien und bey Liebesgöttern
Entwöhnet von den Donnerwettern
Der wilden Schlacht, gepflegt auf Rosenblät-
　　tern;
Und rafft er auch einmahl sich auf und will
Seyn was er war in Hektors Heldentagen,
So fühlt er bald die Sennen ihm versagen.
Apollo selbst, der Gott der hohen Schwär-
　　merey,
Die jene schönen Thaten zeuget
Auf deren Stufen man zum Sitz der Götter
　　steiget,
Ist nicht Apollo mehr. Die Zeiten sind vorbey,
Da sein Geschäfte war, die Wilden
Am Rhodope zu Menschen umzubilden,
Da Löwen sich, wenn seine Leier klang,
Entzückt zu seinen Füfsen schmiegten,
Da Steine, wie beseelt von seinem Zauber-
　　gesang,
Sich tanzend in einander fügten,
Und durch der Dichtkunst süfsen Zwang
Deukalions Stamm aus Wäldern sich ent-
　　fernte,

V. 219 — 240.

Gesellig ward und Götter ehren lernte.
Entgöttert schleicht im Hain, am Rosenbach,
Der Musengott den Schäferinnen nach,
Der von den Sfären sang, besingt itzt junge
 Busen,
Singt von des Kusses Wunderkraft,
Und, ihrem Führer gleich, berauschen seine
 Musen
Mit Amorn sich in süfsem Traubensaft.

„So könnt' ich, liebe Herrn und Brüder,
Das ganze Götterkor durchgehn:
Allein es möchte leicht Satiren ähnlich sehn,
Und diese waren mir, ihr wifst es, stets
 zuwider.
Ich bin fürwahr kein Rigorist;
Indessen geb' ich zu bedenken,
Ob Amors Lust zu losen Ränken
Des Übels einzige Quelle ist.
Es wäre viel davon zu sprechen;
Doch Schweigen hat, wie Reden, seine Zeit.
Des Rangen Ungebundenheit
Bleibt allemahl ein Polizeygebrechen.
Man mufs ihm Einhalt thun. Nur, wie? ist
 überhaupt
Wo man verbessern will, zumahl in Sachen
Von dieser Häklichkeit, viel schwerer als man
 glaubt.

V. 241 — 266.

Man kann so bald aus übel ärger machen!
Bedenket also wohl, ihr Herren, was ihr thut!
Ein Schlufs ist freylich leicht zu fassen,
Zumahl um Tafelzeit: allein, sich reuen lassen
Was man gethan, steht Göttern gar nicht gut."

So sprach der Patriarch der Spötter,
Der im Besitze war die andern sel'gen Götter
Und all' ihr Thun zu tadeln und zu schmähn;
Und weil es leichter war, ihn seitwärts anzusehn
Und stumm zu seyn, als ihn zu widerlegen:
So thaten auch die Damen, die es traf,
Was sie in solchen Fällen pflegen.
Die eine stellte sich als könnte sie dem Schlaf
Nicht widerstehn und schlofs die Augenlieder;
Unachtsam gafft die andre hin und wieder,
Spielt mit den Fingerchen an ihrer schönen
    Hand,
Bespiegelt sich, berichtiget ein Band
An ihrem Latz, und flüstert Kleinigkeiten
Der Nachbarin in's Ohr, als ob sie viel bedeuten;
Die Fächer muschen auf und zu,
Kurz, keine thut als ob sie Ohren habe.
Uns scheint diefs nicht der Damen kleinste Gabe,
Wir wünschen ihnen Glück dazu.
Auch Vater Zevs läfst, ohne sich zu rühren,
Die Danaen sich zu Gemüthe führen,
Und Mars, so lang' der Panegyrikus

V. 267 — 284.

Ihm um die Ohren saust, scherzt achtlos mit
    Auroren,
Fragt, ob ihr Alter noch die Schlafsucht nicht
    verloren,
Und trägt sich an zu ihrem Cefalus.
 Der Musengott allein — man weiſs
    wie leicht die Galle
Den Dichtern schwillt — fährt zürnend auf
    und kräht
Als ob die Nymfenwuth ihn plötzlich überfalle.
„Wie, ruft er, wenn vielleicht ein Reimer sich
    vergeht,
Die Leier zwingt dem Liebesgott zu fröhnen,
Mit Pafos den Parnaſs vertauscht,
Und statt der klaren Hippokrenen
In Wein von Beaune sich berauscht,
Soll es der Musen Kor, soll Föbus es ent-
    gelten?
Bekenn' ich mich zu jedem Dichterling?
Und soll man mich für Amors Sünden schelten?
Wohl weislich spricht Äsop: das schlimmste
    Ding
In dieser besten Welt sey eines Narren
    Zunge —"

 Halt! lieber Sohn, ruft Zevs vom Thron
    ihm zu,
Besänftige dich, und schone deiner Lunge!

Dritter Gesang.

V. 285 — 295.

Man kennt den Momus ja! Sey ruhig, goldner Junge!
Ey! bringt so wenig schon dich um die Seelenruh'?
Bemerkst du nicht, wie unsre frommen Damen
Des Spötters Neckerey'n so ruhig auf sich nahmen?
Ich selber, wie du siehst, ich thu'
Als fühlt' ich nichts, wenn er von hinten zu
Mir eins versetzt. Mit Leuten seines gleichen
Giebt sich kein Kluger ab: man sucht ihm auszuweichen,
Und kommt er dennoch uns mit seiner Pritsche bey,
Was hilft ein knabenhaft Geschrey?
Das Klügste ist, sich schweigend wegzuschleichen.

Anmerkungen.

1) S. 249. v. 119. Der Spötter MOMUS —
Daſs Momus hier ungefähr eben dieselbe Rolle spielt,
wie in Lucians Götterversammlung und im
Jupiter Tragödus, braucht für Leser, die mit
diesem Schriftsteller nicht unbekannt sind, kaum
erinnert zu werden.

2) S. 249. v. 126. frisches Blut *vel quasi* —
Anspielung auf eine Stelle in Cicero's Dialogen *de
Natura Deorum*, die wir im Neuen Amadis schon
angeführt haben.

3) S. 250. v. 147. Priapus.
S. die Anm. 3. zum zweyten Gesange.

4) S. 251. v. 167. Mit Mulcibern soll
aufgelesen haben.
Die Rede ist von dem drachenfüſsigen Erichtho-
nius, der sein Daseyn einem ziemlich seltsamen
Paroxysmus zu danken hatte, der den guten Vulkan
überfiel, als Minerva einst allein in seine Werkstätte
kam, um sich neue Waffen bey ihm zu bestellen —
eine Anekdote, die man in Benjamin Hederichs
Mytholog. Lexikon in einem Ton und Styl, die vermuthlich einzig in ihrer Art sind, erzählt finden kann.

5) S. 252. v. 185. allein die Wände reden —
Dieser Ausfall des Momus auf den Ruhm der Götterkönigin bezieht sich auf die komische Erzählung Juno und Ganymed, und würde, da die Lauterkeit dieser Quelle mehr als verdächtig ist, in dem Munde eines jeden andern als des Momus nicht zu entschuldigen seyn, da sich in der alten Mythologie nichts findet, was den Urheber derselben von dem Vorwurfe, diese Göttin verleumdet zu haben, frey sprechen könnte.

VIERTER GESANG.

V. 1 — 13.

Die Götter schickten nun, bey wohl verschlos-
 nen Thüren,
Mit hohem Ernst sich an, in Sachen zu
 votieren;
Als ein Getös' im Vorgemach
Das weitere Verfahren unterbrach.
Kaum lauscht man stutzend nach dem Orte
Woher es kommt, so knarrt die goldne Pforte,
Die Flügel rauschen auf, und siehe! Paar an
 Paar
Schleicht leis' und schneckenhaft ganz Pafos
 und Cythere
Zum Sahl hinein: der Scherze leichte Schaar
Mit düsterm Blick und ungebundnem Haar;
Die Grazien, in lange Trauerflöre
Wie Klageweiber eingehüllt,
Drey echte heilige Nituschen;

V. 14 — 31.

Die Liebesgötterchen, vermummt in Skaramuschen;
Der ganze Zug ein wahres Bild
Des Lustspiels wo man — weint. Die ernsten Oberalten
Des Himmels hatten Mühe, die richterlichen Falten
Auf ihrer Stirn in Ordnung zu erhalten,
Was wird daraus noch werden? dachten sie;
Vermuthlich hoffte der Schalk, der selber zu erscheinen
Sich nicht getraut, durch dieses Possenspiel
Die Strafe von sich abzuleinen.
Allein sie schossen weit vom Ziel.
Denn während dafs zu beiden Seiten
Die Karawan' im Sahl sich auszubreiten
Beschäftigt war, wer, meint ihr, schlofs den Zug?
Kein Wunder wenn das Herz den guten Göttern schlug.
KUPIDO war es selbst, und o! so ganz Kupido
Als weder Rafael noch Guido,
Wiewohl des Gottes voll, ihn jemahls dargestellt;
So schön, dafs Vater Zevs für Ganymed ihn hält,

V. 32 — 50.

Daſs Junons groſses Aug' noch eins so feurig
spielet,
Und Mutter Cybele, indem sie seufzend sich
Erinnerte, wie sehr ihm Attys glich,
Zum zweyten Mahl des Lieblings Wunde
fühlet;
So schön, so zart, so voll von ewiger Jugend-
kraft,
Daſs Mulciber in seine Vaterschaft
Mehr Zweifel setzt als je, die Stirne sich
befühlet,
Und grimmig bald nach Mars, bald nach dem
Weingott schielet.
So, Amor, schwebtest du daher,
Und deinen Feinden sank der Muth beym
ersten Blicke.
Selbst Hymen spürt schon keine Galle mehr,
Und schmiegt verwirrt sich an Vulkan zu-
rücke.
Minerva nur blieb unerschüttert stehn,
Und machte Miene, ihr Lied von vornen anzu-
fangen;
Allein Zevs läſst es nicht geschehn,
Und nimmt das Wort, indeſs mit feuerrothen
Wangen
Und halb gesenktem Augenlied,
Wie einer, der sich überwiesen sieht,
Der Liebesgott sich vor dem Throne bücket.

V. 51 — 68.

Dem Nymfchen gleich, das seine Fruchtbarkeit
Zum Protokoll laut zu gestehn sich scheut,
Allein, vom Augenschein gedrücket,
Ein schüchtern Mittelding von Weib und Mädchen, steht
Und, unserm Blick den Umstand zu entwenden,
Der das verrätherische Blut
Ihr in die Wangen pumpt, mit ihren beiden Händen,
Was Venus zu Florenz mit Einem Händchen, thut:
So stand der lose Gast, den Heuchlerblick zur Erde
Geheftet, da, mit züchtiger Geberde,
Als Vater Zevs beginnt: Mein trauter Enkelsohn,
Es thut mir leid, allein sehr grofse Klagen
Sind gegen dich den Göttern vorgetragen.
Komm, hurtig! — denn die Tafel ruft uns schon —
Was hast du uns zur Gegenwehr zu sagen?
Bring's in beliebter Kürze vor!

„Nichts, leider nichts! erwiedert Cypripor:
Auch komm' ich nicht, mit losen Rednerstreichen

V. 69 — 88.

Ein mildes Urtheil zu erschleichen.
Nur allzu wahr ist, was die Schmähsucht
 spricht;
Und wollt' ich läugnen, spränge nicht
Aus euern Augen mir die Wahrheit ins
 Gesicht?
Ja, ich bekenn' und läugne nicht:
Das ärgste, was Ovid uns angedichtet,
Ist ärger nicht als was wir angerichtet
Ich und mein Hofgesind. Wem ist es unbekannt?
Gestohlen ward durch uns aus Pelops schönem
 Land
Der Leda Schwanenkind; wir hetzten am Ska-
 mander
Um nichts und wieder nichts die Helden an
 einander;
Wir steckten Ilion in Brand;
Wir trugen Holz zu Dido's Scheiterhaufen;
Wo Fürsten sich mit Bürgerhaaren raufen,
Wo ein Eroberer in durchgeschwärmter Nacht
Die schönste Königsstadt zum zweyten Troja
 macht
Um einen Kuſs von Thais zu erkaufen;
Mit Einem Wort, wo eine Büberey
Verübt wird, seyd gewiſs, da sind auch wir
 dabey.
Durch wen, als uns, ward — jemand einst
 zum Farren?

V. 89 — 111.

Zum Bock? zum Schwan? zu allem was ihr wollt?
Und wird nicht um der Minne Sold
Der Weise täglich noch zum Narren?
Was braucht es Klagen und Verhör?
Hier steh' ich, Götter, und bekenne,
Bekenne was man mich beschuldigt, und noch mehr:
Verdien' ich noch dafs man mich störrig nenne?
Allein, wie Pallas weislich sprach,
Der Sünde folgt die Strafe billig nach.
Verbannet will die weise Frau mich sehen;
Verbannen will ich mich, ihr Wille soll geschehen!
Ich selbst — ersparet euch die Müh'
Ein Urtheil über mich zu sprechen —
Ich selbst will euch an Amorn rächen.
Kommt, meine Grazien, kommt, wir gehn;
Sie wollen's so! kommt, gute Knaben!
Die sollen scharfe Augen haben
Die hier uns jemahls wiedersehn!"

Kaum ist das letzte Wort dem schönen Mund entfallen,
So hebt Cytherens lose Schaar
Sich in die Luft; die Trauermäntel fallen,
In schönen Locken fliefst der Charitinnen Haar,
Und um die runden Hüften wallen

V. 112 — 134.

Gewänder, Rosen gleich in angestrahltem
    Thau.
Sie ziehn in lieblichem Gewimmel,
Von Zefyrn hoch getragen, durch den Himmel,
Und wo sie fliehen, welkt sein reines Blau
Und stirbt in freudeleerem Grau.
Doch, eh' sie sich den Augen ganz entzogen,
Zerbricht Kupido seinen Bogen,
Wirft ihn herab, und ruft den Göttern zu:
„Gehabt euch wohl! Wir wünschen euch Ver-
    gnügen;
An Amorn soll's gewiſs nicht liegen,
Wenn fürderhin nicht unbegrenzte Ruh'
Den Himmel wiegt. Nur wähnet nicht, Göt-
    tinnen,
Daſs was er thut er bloſs zur Hälfte thu'.
Ihr hofft vielleicht dabey noch zu gewinnen,
Weil doch mein Brüderchen von linker
    Hand euch bleibt,
Der, wie verlauten will, euch stolzen Sultaninnen
Oft in geheim die Zeit vertreibt.
Doch, Ihm das Reich zu übergeben
Das ich verlassen muſs, verbeut
Die Ehre mir, und selbst die Sittigkeit;
Wir werden ihn der Arbeit überheben!
    So sprach der Gott, und lächelt' und ver-
    schwand.
Die himmlische Synode stand

V. 136 — 153.

Ein wenig dummer da, als mancher vor der Hand
Dem andern merken lassen wollte.
Man that sein möglichstes um gutes Muths zu seyn.
Doch was man kann und was man können sollte
Trifft, wie ihr wifst, nicht immer überein.
Gleich bey dem ersten Mahl schleicht sich die Langweil' ein,
Wie sehr die Götter auch sich quälen
Ein düstres Vorgefühl durch übertriebnen Schein
Von Lustigkeit einander zu verhehlen.
Vergebens! denn sogar der Götterwein
Erfreuet nicht das Herz wenn Amors Schwestern fehlen.
Man ifst und weiß nicht was, man lacht und fragt warum,
Man öffnet weit den Mund, will reden, und bleibt stumm.
Der Witz verläfst den Gott der Musen,
Die Munterkeit den Gott des Weins;
Merkur ruft Heben stets, noch eins!
Und gafft, indem er trinkt, nach — Vesta's plattem Busen.
Vergebens stimmt der Pieriden Kor
Der glüh'nden Saffo wärmste Oden,

V. 154 — 174.

Zwar etwas schläfrig, an: man hört mit halbem Ohr,
Und bleibt so frostig als zuvor.
Die Damen sitzen wie Pagoden
In steifer Majestät, nach Juno's Beyspiel, da,
Und schleicht sich auch in einer Viertelstunde
Ein Wort aus einem schönen Munde,
So schnappt der Dialog beym ersten Nein und Ja
Gleich wieder zu; kurz, sumste hier und da
Nicht eine Fliege noch, so dächte man, es stünde
Der Puls der Schöpfung still. Zevs, der die Kurzweil liebt,
Fand diese Art zu tafeln sehr betrübt.
Noch nie ward Hebe so geschwinde
Des Diensts entlassen. Aber, ach!
Die lange Weile schleicht den guten Göttern nach
Wohin sie fliehn, bis in die Kabinetchen,
Bis in die Lauben von Schasmin
Und auf die nun nicht mehr wollüst'gen Ruhebettchen.
Zu bald erfuhren sie, sogar im *Têt' à Têt'*,
Daſs ohne der Grazien Gunst nichts wohl von Statten geht.
Vergebens wurde bey Auroren
Die Sommernacht ein wenig lang' bestellt;

V. 175 — 196.

Selbst für die Heben und die Floren
Geht nun (so unbarmherzig hält
Der Liebesgott sein Wort) die schönste Nacht
 verloren.
Den schlummernden Endymion
Kann Lunens wärmster Kuſs nicht aus der
 Schlafsucht küssen,
Und zu Aurorens Rosenfüſsen
Petrarkisiert, trotz D'Urfé's Seladon,
Der weise Cefalus. Sogar der Gott der Gärten
Schleicht von Pomonen sich ein wenig früh
 davon,
Und schwört, gerichtlich zu erhärten,
Daſs einem Manne, wie Er, durch alle Zau-
 berey
Von allen Nestelknüpferinnen
Der ganzen Welt, so was noch nie begegnet
 sey.
Die hintergangenen Göttinnen
Benahmen zwar sich meisterlich,
Und sprachen von der Lust der Sinnen
Wie Zenons strengste Schülerinnen;
Doch sage mir nur niemand, daſs man sich
Durch Scenen dieser Art bey ihnen sehr
 empfehle.
Natürlich dünkt ein schönes Weib
Sich etwas mehr als eine nackte Seele;
Und Metafysik ist ein schaler Zeitvertreib

V. 197 — 214.

Für Nymfen die in Lauben wachend schlafen,
Und sich gefaſst gemacht, anstatt
Dem Günstling zu verzeihn, der nichts begangen hat,
Ihn für Verbrechen zu bestrafen.

 Wie dem auch sey, so hatten dieses Mahl
Die Götter keine andre Wahl,
Als Amors Strafgericht so leicht auf sich zu nehmen
Als möglich war, und, statt der Weisheit sich zu schämen
Wozu er sie verdammt, sie, wo nicht angenehm,
Doch ehrenvoll zum wenigsten zu machen.
Diotima's gepriesenes System [1])
Ist, wie ihr wisset, sehr bequem
Zu diesem Zweck. Zu was für schönen Sachen
Giebt es den Stoff! Wie fein es klingen muſs
Wenn selbst Priap, dem sonst der beſste Kuſs
Zu leichte Speise war, mit schwärmendem Entzücken
Von reiner Liebe schwatzt, sich sättiget an Blicken,
Und in demüthiger Distanz

V. 215 — 233.

Von seinem Gegenstand, mit einem grofsen
 Kranz
Von *Agnus castus* um die Lenden, ª)
Pomonen überzeugt, ein Busen, dessen Glanz
Den Schnee beschämt, sey nicht gemacht von
 Händen
Gedrückt zu seyn, und einen kleinen Mund,
Der reitzend spricht und lacht, um einen Kufs
 zu pfänden,
Sey Hochverrath. — Wer kann so schön dich
 sehn
(So fährt Herr Fallus fort zu krähn)
Und mehr, als dich zu sehn, verlangen?
Die Seele die dich anschaut, streift
Flugs ihren Körper ab, so wie verjüngte
 Schlangen
Die alte Haut; sie fliegt empor, durchschweift
Ihr neues Element, die Rosen deiner Wangen,
Die Lilien deiner Brust, vergifst
Der Sinnen letzten Wunsch, und fühlt dafs wah-
 rer Liebe
Die Liebe selbst die höchste Wonne ist.

Diefs alles, wir gestehn's, ist schön und
 gut zum Sagen;
Auch sagen es die Götter oft genug
Den Himmelstöchtern vor; man hört in
 dreyfsig Tagen

V. 234 — 253.

Und Nächten nichts als dieſs. Doch, diesen
  hohen Flug
Noch dreyſsig Tage auszuhalten,
Fühlt kein Olympier sich stark genug bekielt.
Ein andres ist, wenn man dergleichen wirklich
  fühlt,
Wie einst Petrark. Allein bey unsern kalten
Entgeisterten Verliebten war gewiſs
Dieſs nicht der Fall; die guten Götter hatten
Nichts besseres zu thun, und sagten alles dieſs,
Von Nacht und Mond und kupplerischen
  Schatten
Heraus gefodert, bloſs *in Fugam Vacui.*
Die Damen gähnten traun! noch mehr dabey
  als sie;
Und wie das Lustspiel enden muſste
Erräth sich leicht. Denn trotz der harten
  Kruste
Die ihr jungfräulich Herz beschützt,
Kann Pallas selbst den Mann, der zu nichts an-
  derm nützt
Als ihr zu Fuſs zu liegen und zu schmachten,
Nicht anders als aus Herzensgrund verachten.
Das tugendhafteste Weib flöſst gern was wärme-
  res ein
Als was wir bloſs für ihre Tugend fühlen,
Und, ohne minder darum der Weisheit treu zu
  seyn,

V. 254 — 273.

Beym ruhigsten Vorsatz, das Feuer nie zu kühlen
Das euch verzehrt, ergetzt sie innerlich
An seinem Spiel, an seiner Flamme sich.
Worin bestände denn auch, im Grunde das Behagen
Von einer Lage, wobey sie nichts zu wagen
Nichts zu verlieren sieht? sich selbst nicht sagen kann,
Dein Sieg ist ein Verdienst, dein Gegner war ein Mann!
Wir unterstehen uns zu sagen
Dafs diefs sogar auf Bilder sich erstreckt,
Und dafs ein Cherub ohne Magen
Und Unterleib, in seinem Federkragen
Des frommen Nönnchens Herz nicht halb so gut erweckt,
Als Guido's Amor, zwar *divino* 3)
Der Absicht nach, allein der, wie ihr wifst,
Darum nicht minder als ein andrer Amorino
Ein sehr vollständig Bübchen ist.

Ist diesem so, wer kann den überirdischen Schönen
Verargen, wenn sie sich, sobald Kupido's Fluch
Durch manchen fehl geschlagenen Versuch
Bestätigt ist, nach andrer Kurzweil sehnen?

V. 274 — 294.

So manche schöne Sommernacht
Vorbey gegähnt! Die nie betrogne Macht
Von ihren Reitzen nun dem Zweifel Preis
   gegeben!
Und Rachsucht sollte nicht die holden Busen
   lieben?
Der erste Schäfer wäre just
Was eine Göttin braucht, wenn sie der Rache
   Lust
Sich geben will; oft ist dabey zu gewinnen:
Allein auch diesen Behelf entbehren die Göt-
   tinnen.
Der Erdkreis wird von Amors Interdikt
Nicht leichter als der Göttersitz gedrückt.
Den einzigen Trost, den ihnen zu versagen
In Amors Macht nicht lag, war das Talent —
   zu plagen,
Womit das schöne Volk, zumahl vom Götter-
   stand,
Sehr reichlich sich versehen fand.
Die unfreywilligen Olympischen Kombaben
Wie sollten sie erfahren haben
Was Schönen können, denen man
Mifsfallen hat, und die uns quälen wollen?
Zu unserm Glücke kommt's, wenn wir's empfin-
   den sollen,
Auf einen kleinen Umstand an,
Auf den die Herzensköniginnen

V. 295 — 313.

Sich, wie es scheint, nicht allemahl be-
    sinnen.
Ins Ohr gesagt, ich weiſs euch ein Arkan,
Womit die Götter sich so fest als Eisen machen.
Ihr wünscht es mitgetheilt? Wohlan!
Das Ganze ist: zu ihrem Zorn — zu lachen.
Das Mittel ist bewährt; von allen *Remediis
Amoris* in der Welt hilft keines so wie
    dieſs.
Die Göttin starrt, zum Exempel, mit Augen von
    Medusen
Dich an, und hofft, versteinert werdest du,
Ein Denkmahl ihrer Macht, nun da stehn:
    aber du,
Du bist kein Geck, du hast *aes triplex* um
    den Busen,
Du issest, trinkst und pflegst der Ruh'
Wie sonst, und nimmst, statt abzuneh-
    men zu,
Und statt der Quälerin was dummes vorzu-
    weinen,
Lachst du, und gehst davon auf zwey gesunden
    Beinen.
Verachtung ist ein mächtiger Talisman,
Nur schlägt er nicht so gut in allen Fällen an
Als wie in dem, worin, für ihre Sünden,
Seit Amors Flucht, die Götter sich befinden.

V. 314 — 333.

Denn freylich thut ein gewisser geheimnisvoller Instinkt,
Den wir in guter Gesellschaft nie unmaskiert erblicken,
Weit mehr dabey, als mancher Göttin dünkt,
Wenn ihre Reitze selbst ein weises Hirn verrücken.
Durch ihn setzt oft ein Nymfchen in Entzücken,
Ist eine Ilia und Egeria, überall
Mit Grazien garniert und *tota merum sal* 4)
In deinen fascinierten Blicken,
Die dir, wie uns, so bald du nüchtern bist,
Ein sehr alltäglich Thierchen ist.
Ohn' ihn erblickte vielleicht Adonis an Cytheren
Nur abgeschofsnen Reitz und Rosen im Verblühn;
Ohn' ihn wird Juno zur Megären,
Zur Galatee ein Austerweib durch ihn.
Sie, deren Lieblichkeit zu hyperbolisieren
Die Göttersprache selbst einst unzulänglich war,
Sind itzt der Gegenstand von hämischen Satiren.
Auroren wird ihr Rosenhaar
Zur Last gelegt, Dianen ihre Länge;
Mit unbarmherziger, kunstrichterlicher Strenge

V. 334 — 339.

Wird jeder Reitz anatomiert,
Und, wie natürlich ist, verliert
Der Reitz dabey. — Bey Amors Zauber-
        fackel
Muſs man die Schönheit sehn! Der kalten
        Tadelsucht,
Die Reitz vor Reitz gerichtlich untersucht,
Ist Hebe selbst nicht ohne Makel.

Varianten *)

V. 36 — (S. 131 der Ausgabe von 1769.)

Mit Einem Wort, so schön dafs Mulciber
Sich nicht bereden kann, von einem Sohn
     wie Der
Papa zu seyn, u. s. w.

V. 140 — (S. 137 der Ausgabe von 1769.)

Schon bey der Tafel schleicht die lange Weile
    sich ein,
So sehr die Götter sich um Witz zu haben
    quälen.

*) Eine Menge kleinerer Abänderungen (ob Verbesserungen, wie die Absicht wenigstens war, müssen andere entscheiden) welche dieses ganze Gedicht durch die letzte Feile erhalten hat, schienen nicht erheblich genug, um unter den Varianten aufgeführt zu werden.

VIERTER GESANG.

Man merkt es gehe nicht und sucht es zu verhehlen;
Vergebens! denn, beym Styx! der beste Götterwein
Ist Wasser nur, wo Amors Schwestern fehlen.

V. 185 — (S. 180 der Ausgabe von 1789.)

Dafs einem Manne, wie er, durch alle Zau-
berey
Von allen Circen und Medeen,
Kanidien, und allen bösen Feen
Der ganzen Welt, so was noch nie begegnet
sey.

V. 298 — (S. 194 der Ausgabe von 1789.)

Ihr wünscht es mitgetheilt? Wohlan!
Nicht achten, Kinderchen, nicht achten,
Diefs ist die ganze Kunst! — Du betest
Chloen an,
Ein saures Blickchen macht dich schmachten,
Ein Lächeln ist genug dem Zevs dich gleich zu
achten —
Du armer Mann! wenn sie dich quälen will
Blickst du sie sterbend an und hältst ihr still —
Nicht achten, kleiner Thor, nicht achten!
Probatum est! Von den *Remediis*

Amoris, glaube mir, hilft keines so wie
 diefs.
Sie starrt dich an mit Augen von Medusen,
Versteinert, denkt sie, werdest du
Zum Zeichen da stehn: aber du, u. s. w.

V. 311 — (S. 195 der Ausgabe von 1789.)

Das Mittel ist bewährt, wiewohl nicht allge-
 mein;
Es möchte dann und wann nicht anzuwenden
 seyn.
Nicht achten was wir lieben müssen,
Ist oft unmöglich, immer schwer;
Den Zustand nehm' ich aus, worin das Götter-
 heer
Durch Amors Bosheit, wie wir wissen,
Seit kurzem sich befindt. Denn freylich, der
 Instinkt
Thut mehr dabey als mancher Göttin dünkt
Wenn ihre Reitzungen uns das Gehirn ver-
 rücken.
Durch ihn setzt oft ein Nymfchen in Ent-
 zücken,
Ist eine Ilia, ist Venus, überall
Mit Grazien garniert, und *tota merum sal*

In euern fascinierten Blicken,
Die ohne Amors arge List
Ein sehr alltäglich Thierchen ist.
Ohn' ihn erblickt Adonis in Cytheren
Nur eine Frau zum Zeitvertreib;
Ohn' ihn wird Juno zur Megären
Und Galatee zum Austerweib. u. s. w.

Anmerkungen.

1) S. 270. v. 207. *Diotima's gepriesenes System* —

Die so genannte Platonische Liebe, welche Plato in seinem Gastmahl von der Wahrsagerin Diotima dem Sokrates vortragen läßt.

2) S. 271. v. 216. *Agnus castus* —

Die Blätter dieser Staude haben, nach der Versicherung des Plinius, eine gewisse kühlende Kraft, die dem Gelübde der Enthaltung besonders zuträglich ist. Die Atheuischen Frauen, welche während der Thesmoforien (eines über acht Tage dauernden Festes der Ceres) von ihren Männern abgesondert leben mußten, bestreuten, aus einer Vorsicht, die ihrer Gewissenhaftigkeit mehr Ehre macht als ihrem Temperament, ihr Lager mit Blättern von *Agnus castus*. *Plin. Hist. Nat.* XXIV. 9.

3) S. 273. v. 266. Als Guido's Amor, zwar *divino* u. s. w.

Auf einem von Robert Strange gestochnen Blatte, das einen nackten schlafenden Knaben von sechs oder acht Monaten vorstellt, neben welchem eine junge Nonne mit gefalteten Händen ihre Andacht verrichtet, aber unfreywillige Zerstreuungen zu haben scheint. Statt der Unterschrift *Amoris primitiae*, die sich auf die Nonne bezieht, hätte sich *Amore divino* um so besser geschickt, weil dieses Blatt das Gegenstück von einem ebenfalls nach Guido Reni gestochnen Kupido ist.

4) S. 276. v. 319, 20. Ist eine Ilia —
Ilia et Egeria est, do nomen quodlibet illi. Horat.
Tota merum sal (von Kopf bis zu Fuſs lauter Reitz) *Lucret. de Rerum Natura,* IV.

FÜNFTER GESANG.

V. 1 — 13.

Nun, lieben Freunde, setzet euch
Ein wenig an der Götter Stelle,
Und sagt mir, ist ein Himmelreich,
Wo man einander quält, nicht eine wahre
     Hölle?
O Amor, Gott der Freuden, kehre um!
(So rufen heimlich Götter und Göttinnen)
O kommt zurück, ihr holden Charitinnen!
Wo ihr verbannet seyd, da rinnen
Kocyt und Flegethon, da quälen Plaggöttinnen;
Ach! ohne euch ist kein Elysium,
Ist kein Olymp! — Allein, diefs laut zu rufen
Verbietet Stolz und falsche Scham.
Sie mufsten erst durch alle Stufen
Der langen Weile gehn. Zu welchen Mitteln
     nahm
Man seine Zuflucht nicht? Bald gab der dicke
     Komus

V. 16 — 35.

Ein prächtig Freudenfest, wobey
Nichts als die Freude fehlt; bald Momus
Ein possenreiches Allerley,
Das desto mehr die Logen gähnen machte,
Je lauter Silen und Pan und der Verfasser
    lachte.
Herr Momus war, wie Dichter meistens
    sind,
Für seines Witzes Brut an beiden Augen blind,
Und sprach im ersten Zorn zu seinem Freund,
    dem Thiere
Mit langem Ohr: Der Henker amüsiere
Die Damen und Herren, die nicht zu amüsie-
    ren sind!
Doch dient' es ihm zum Trost, daſs Azor und
    Zemire
Von Monsieur Marmontel nicht beſsre
    Wirkung that.
Die Musen dachten, so was neues,
Dergleichen der Olymp noch nie gesehen hat,
Muſs Wunder thun: allein Apoll verzeih' es
Zemiren-Erato! man fand sie kalt wie
    Schnee.
Zwar schien das arme Thier von Azor zehn-
    mahl ärmer
An Feuer noch, wiewohl der gröſste Schwärmer
Im ganzen Götterthum, der Sohn der Semele,
Die Rolle spielte; nur der Götter-Assamblee

V. 36 — 51.

Ward, wie ihr seht, dadurch nicht desto
    wärmer.
Wifst ihr was traurigers, im Himmel, oder
    hier
In diesem Jammerthal, wo wir, nach Stands-
    gebühr
Mehr oder weniger, der langen Weile fröhnen,
Als, unergetzt, bey langen frostigen Scenen
Mit Sang und ohne Sang, einander anzu-
    gähnen?
Auch hielten's die Schönen des Himmels nicht
    manchen Abend aus.
Viel lieber, sprachen sie, hojahnen wir zu
    Haus,
Und schneiden Bilderchen aus und putzen unsre
    Puppen.
Zuletzt, nachdem man lang' auf neue Kurzweil
    sann,
Bot die Astronomie sich an.
Seitdem es Sterne giebt sah man so schöne
    Gruppen
Um kein Dollondisch Rohr gebückt:
Die Damen schienen ganz von Wissenslust
    entzückt,
Sie guckten Nächte lang, und holilten sich den
    Schnuppen.
Der Wettstreit, wer im schönsten Nachtge-
    wand

V. 52 — 72.

Den Sternen Cour zu machen käme,
Trug auch das Seine bey, dafs man am Welt-
systeme
Und am Planetentanz so viel Vergnügen fand.
Nehmt noch dazu, was allen Lustbarkeiten
 Sogar den fei'rlichen, wozu die Glocken
läuten)
So was, wie nenn' ich's? giebt, das sie pickan-
ter macht,
Mit Einem Wort, die Zeit der Mitternacht:
So hätte wohl zum Glück der Mondenfinster-
nissen
Nur Amor noch ins Spiel sich mischen müssen.
Allein, da dieser fehlt, verlor die Warte bald
Den ersten Reitz. Die Nächte waren kalt;
Die Damen klagten über Flüsse
Und Rückenweh und Drücken auf der Brust:
Man fand, dafs man die Wissenslust
Gemächlicher zu stillen suchen müsse.
Versuche folgten nun in Ger'kens leerem
Raum;
Man wiegt die Luft, zergliedert Sonnen-
strahlen,
Und lernt, warum sie leichter Wolken Saum
Bald blau, bald gelb, bald purpurfarbig mahlen;
Man mifst den Schall, man zählt den Sand am
Meer,
Die Flocken Schnee, die Tropfen Regen,

V. 73 — 94

Die auf das Erdrund ungefähr
Ein Jahr ins andre fallen mögen;
Was mißt und zählt man nicht? — Wenn man
  mit seiner Zeit
Sonst nichts zu machen weiß; alsdann ist Zeit-
  Ersparung
Nur Zeit-Verlust. Die kleinste Kleinigkeit
Wird wichtig dann, und eh' die Seele Hunger
  leidt
Zieht sie aus Distelköpfen Nahrung.
Noch mehr — vorausgesetzt, daß euer Tris-
  megist
Die Klugheit hat, mit Demonstrazionen
Und $a + b$ die Damen zu verschonen,
Wo ist — wenn den Endimionen
Was Menschliches begegnet ist,
Ein Zeitvertreib mit diesem zu vergleichen,
Dem Mütterchen Natur (die keine Zeu-
  gen liebt
Wenn sie den Wangen Roth, dem Busen Lilien
  giebt)
Bis zur Toilette nachzuschleichen?
Die Schächtelchen, die Büchschen allzumahl
Eins nach dem andern aufzumachen,
Und tausend wunderbare Sachen,
Wovon euch nie geträumt, aus ihrem Futteral
Heraus zu ziehn und, Stück vor Stück besehen,
Sie, jedes in sein Fach, zurück

V. 95 — 114.

Zu legen, und — so klug davon zu gehen
Als ihr gekommen seyd! — Man muſs gestehen,
Dieſs Spiel ist wohl so gut als eines in der Welt.
Allein, so sehr es unterhält,
Verliert's doch, wenn ihr's lange spielet,
Der Neuheit Reitz, der Anfangs es empfiehlet.
Ein andrer Spaſs wird auf die Bahn gebracht;
Die **Antlia**, die nicht mehr Kurzweil macht,
Muſs dem **Elektrofor**, und **d e r** dem **Luftball** weichen,
Und diesem geht's wie allen seines gleichen.
Was wollen wir? da nichts mehr Lindrung gab,
Sank man von Spiel zu Spiel zur blinden Kuh herab.
Vergebens! **Amor fehlt, die Charitinnen fehlen!**
Die blinde Kuh sogar wird int'ressant durch sie;
Umsonst, umsonst, ihr guten Seelen,
Hofft ihr Vergnügen ohne sie!
Vergebens schwanket ihr von einer Fantasie
Zur andern; ohne sie sind Freuden ohne Freude,
Ergetzt kein Ohrenschmaus und keine Augenweide,
Herrscht lange Weil' und dumme **Apathie**,

V. 115 — 134.

Und Überdruſs und Spleen und Agrypnie,
Bey aller Lust, beym schönsten Sommer-
    wetter,
Beym Nektartisch, bey Tanz, Gesang und
    Symfonie,
Sogar im goldnen Saal der Götter.

 Die weise Frau verzeih' uns, deren Rath,
Zwar wohl gemeint, die schlimme Wirkung
    that;
Doch unser Sokrates scheint wohl gewuſst
    zu haben
Warum er stets die schönen Knaben,
In deren Zirkel er sich so gerne finden ließ,
Den keuschen Grazien opfern hieſs.
Der Mann that was wir alle sollten,
Wofern wir weiser werden wollten:
Er fragte die Natur. Sie war sein Genius
Und seine Pythia. Doch, wohl gemerkt, er
    fragte
Wie man, belehrt zu werden, fragen muſs;
Und was sie ihm in Antwort sagte,
Vernahm er recht und ganz. Wem dieſs
    ein Räthsel ist,
Der laſs' es sich von Xenofon erklären:
Ein jeder echter Sokratist
Versteht uns. Kurz und gut, Frau Pallas
    (ihren Ehren

FÜNFTER GESANG.

V. 135 — 155.

Unschädlich!) hatte wohl die Folgen nicht bedacht,
Da sie den Göttern aus Cytheren
So strenge den Prozeſs gemacht.
Der Spleen, der nun, seitdem man sie vertrieben,
Den Götterhof erfüllt, der Augen trübes Licht,
Die finstre Stirne, das faltenreiche Gesicht,
Das Unvermögen was zu lieben,
Die Trägheit was zu thun, war noch das schlimmste nicht.
Ist's dahin erst mit uns gekommen,
So nimmt das Übel zu. Zevs, der die Unterwelt
Regieren soll, regiert, so wie ein Würfel fällt,
Auf gutes Glück, und plagt die Bösen und die Frommen.
Minerva, deren Ernst die milden Grazien
Sonst unvermerkt erheiterten,
Ist vor Pedanterey nicht länger auszustehen.
Der schöne Bacchus wird, seit Amor sich verbannt,
Mit Satyrn stets bezecht gesehen;
Mars tobt und macht den Sakripant;
Die Musen krähen uns in fremden rauhen Tönen
Kamtschatkische Gesänge vor,
Entsagen, um neu zu seyn, dem Schönen,

V. 156 — 175.

Betäuben den Verstand, und martern unser Ohr.
Es hieſs sogar (wir wollen Bessers hoffen!)
Sie hätten einst im dicken Gerstensaft
Mit Wodans wilder Brüderschaft
Aus Menschenschädeln sich besoffen.
Genug, der Unsinn ging von Grad zu Grad so weit,
Daſs endlich Äskulap, der Göttern und Göttinnen
Zweymahl des Tags mit groſser Fei'rlichkeit
Den Puls fühlt, um ihr Blut ein wenig zu verdünnen,
Und wieder sie in aller ihrer Sinnen
Nutznieſsung und Gebrauch zu setzen, nöthig fand
Auf Amors Rückkehr vor der Hand
In vollem Amtsernst anzutragen.
Die Krankheit, sprach er, hat die Zirbeldrüse schon
Ergriffen; alles hier zu wagen
Ist nichts gewagt. So schlimm Cytherens Sohn
Auch seyn mag, wird er doch bey unsern Frauenzimmern
Und Herren überhaupt im Hirnchen nichts verschlimmern,
Hingegen desto mehr an Laune, gutem Muth,
Und selbst am Herzen besser machen;

Fünfter Gesang.

V. 176 — 196.

Wir leben wieder, scherzen, lachen,
Verdauen, schlafen sanft, und machen frisches
　　　Blut,
Und werden mehr dabey gewinnen
Als mancher denkt. — Der Arzt hat Recht,
Rief das Olympische Geschlecht.
Man hatte Zeit gehabt sich besser zu besinnen.
Sogar der Spröden weise Zunft
(Wiewohl sie sich's nicht merken liefsen)
War müde für Minervens Milz zu büfsen,
Und sehnte heimlich sich nach Amors Wiederkunft.
Die Sache ging im Götterrathe
Einhellig durch. Es liegt dem ganzen Staate
Zu viel daran, sprach Zevs, dafs wir in
　　　Einigkeit,
Wie Göttern ziemt, beysammen wohnen!
Stracks sendet man Merkurn mit Proposizionen
Nach Pafos ab. Man gab sich etwas blofs,
Diefs ist gewifs; allein, die Sehnsucht war zu
　　　grofs,
Um durch Bedingungen den Frieden zu
　　　erschweren.
Ich sage nicht, sprach Momus, dafs man es
Vermeiden konnte, just so weit zurück zu
　　　kehren
Als man zu vorwärts ging. Wohl Recht hat
　　　Sokrates:

V. 197 — 210.

„So arg der Schalk auch ist, man kann ihn nicht
      entbehren" —
Dieß sag' ich nur: das, was wir jetzo thun,
War schon gethan, und hätten wir's beym
      Alten
Gelassen, wie ich stets für räthlicher gehalten,
So brauchten wir itzt nicht zu thun
Was schon gethan war; nun ist Amor unser
      Sieger!
Dafür, spricht Äskulap, sind wir um so viel
      klüger.

 Von ungefähr stand mit gespitztem Ohr
Das Eselchen dabey und lachte
In sich hinein: „He? sagt' ich's nicht zuvor?
Die Welt geht, wie ich immer dachte,
So gut sie kann. Sie sollte besser seyn,
Spricht man, dieß fehlt und das! — Ich merk'
      es auch; allein,
Den will ich sehn, der eine beßre machte!"

www.ingramcontent.com/pod-product-compliance
Lightning Source LLC
Chambersburg PA
CBHW031331230426
43670CB00006B/312